U0651407

目　录

导　论 ……………………………………………………… 1

第一章　档案学逻辑起点之研究 …………………… 9

第一节　逻辑起点的内涵 ……………………………… 10

第二节　档案学逻辑起点的研究现状及其评析 ………… 13

第三节　"文件"是档案学的逻辑起点 ………………… 19

第二章　档案学研究对象之研究 …………………… 25

第一节　研究对象的确立 ……………………………… 25

第二节　档案学研究对象的主要学术观点及其评析 …… 27

第三节　"文件现象及其运动规律"是档案学的研究对象

………………………………………………………… 37

第三章　档案学学科性质、类型及归属之研究 ……… 40

第一节　档案学的学科性质 …………………………… 41

第二节　档案学的学科类型 …………………………… 43

第三节　档案学的学科归属 …………………………… 48

第四章　档案学学科体系之研究 …………………… 52

第一节　档案学学科体系的研究现状 ………………… 52

第二节　档案学学科体系的内涵及构建原则　·············· 54

第三节　档案学的体系结构和结构体系　·············· 59

第五章　档案学与相关学科关系之研究 ············· 62

第一节　档案学与历史学的关系　·············· 62

第二节　档案学与文书学、秘书学的关系　············· 64

第三节　档案学与图书馆学、情报学的关系　············· 76

第四节　档案学与管理学的关系　·············· 83

第六章　档案学方法论体系之研究 ················· 94

第一节　科学方法论体系:"层次说"和"过程说"　94

第二节　档案学方法论体系的研究现状　············· 96

第三节　档案学方法论体系的思考　················· 100

第七章　档案学范式之研究 ················· 106

第一节　范式理论的基本概念　················· 107

第二节　档案学范式研究的意义　················· 115

第三节　档案学范式的研究现状及其评析　············· 118

第四节　档案学范式研究的启示　················· 128

第八章　档案学术语规范化之研究 ················· 130

第一节　档案学术语规范化建设的回顾与现状　············· 131

第二节　档案学术语规范化建设的意义　············· 135

第三节　档案学术语规范的原则　················· 137

第四节　档案学术语规范化建设的对策　············· 140

第九章　档案学学术评论之研究 ················· 142

第一节　学术评价、学术评论与学术批评关系的界定　··· 143

第二节　档案学学术评论的研究现状及其评析　··········· 145

浙江越秀外国语学院出版基金资助

档案学元理论研究

DANG'ANXUE YUANLILUN YANJIU

潘连根 著

ZHEJIANG UNIVERSITY PRESS
浙江大学出版社

图书在版编目(CIP)数据

档案学元理论研究,潘连根著.—杭州:浙江大学出版社,2019.6
ISBN 978-7-308-19193-7

Ⅰ.①档… Ⅱ.①潘… Ⅲ.①档案学—研究
Ⅳ.①G270

中国版本图书馆 CIP 数据核字(2019)第 105593 号

档案学元理论研究

潘连根 著

责任编辑	唐妙琴
责任校对	刘雪峰　宋旭华
封面设计	周　灵
出版发行	浙江大学出版社
	(杭州市天目山路 148 号　邮政编码 310007)
	(网址:http://www.zjupress.com)
排　　版	浙江时代出版服务有限公司
印　　刷	浙江省良渚印刷厂
开　　本	880mm×1230mm　1/16
印　　张	8.25
字　　数	192 千
版 印 次	2019 年 6 月第 1 版　2019 年 6 月第 1 次印刷
书　　号	ISBN 978-7-308-19193-7
定　　价	45.00 元

版权所有　翻印必究　　印装差错　负责调换

浙江大学出版社市场运营中心联系方式　(0571)88925591;http://zjdxcbs.tmall.com

第三节　档案学学术评论需要学术宽容和学术批评 …… 164

第十章　档案学本质特征、功能及地位之研究 ……… 172
　　第一节　档案学的本质特征 ………………………… 172
　　第二节　档案学的功能 …………………………… 187
　　第三节　档案学的地位 …………………………… 197

第十一章　档案学发展规律之研究 ………………… 208
　　第一节　档案学发展规律研究的认知前提 ………… 208
　　第二节　档案学发展规律的系统揭示 ……………… 214

第十二章　档案学研究之研究 …………………… 220
　　第一节　档案学研究主体 ………………………… 221
　　第二节　档案学研究客体 ………………………… 228
　　第三节　档案学研究方法 ………………………… 233
　　第四节　档案学研究现状及发展趋势 ……………… 243

后　记 ……………………………………………… 254

导　论

　　长期以来,档案学界一般将档案学理论划分为基础理论和应用理论两大部分。关于档案学学科自身的理论问题,则往往包含在档案学基础理论之中,如"档案学的形成条件与特征、档案学的对象与任务、档案学的体系结构、档案学的学科属性、档案学与其他学科的关系、档案学的研究方法"①等都属于档案学基础理论研究范畴之内。但进入 21 世纪以来,档案学界对此的认识已有所深化,认为"档案学基础理论主要有两个层面构成:一是对档案与档案管理活动的基本理论性认识,如档案的定义、本质、种类、作用、价值及其规律,档案管理活动的性质、规律,档案与档案管理的历史发展进程及规律等;二是档案管理的基本理论,即关于档案管理的总体性、宏观性理论问题和档案管理基本方法、原则的理论探讨"②。显然,已将上述档案学自身的理论问题排除在了档案学基础理论之外。遗憾的是,尽管档案学界对于档案学自身理论问题以往也有所涉及和研究,例如所有的档案学概论教材都会涉及"档

① 　吴宝康.档案学概论[M].北京:中国人民大学出版社,1988:236.
② 　冯惠玲,张辑哲.档案学概论(第二版)[M].北京:中国人民大学出版社,2006:236.

案学"的内容,但都没有对档案学自身理论问题给予一个明确的内涵梳理和理论归属。

曾经有学者在元科学的启示下指出,要把"档案学自身作为研究对象,从整体上探究档案学的基本性能、发展规律和社会功用,以实现档案学自我认识的系统化和理论化"①。因此,以档案学自身作为研究对象进行元科学层面的学科自身理论问题的研究,也是档案学研究中一个十分重要的不可或缺的内容。应该说,从元科学层面进行元理论(或称元问题)的研究,为档案学界提供了一个新的更具超越性的理论研究视角。

元科学的概念来源于"元理论"研究,元理论的研究兴起于西方国家。将"元"(meta)与某一学科名称相连,从而构成一种新学科的做法,始于元数学(metamathematics),此后借助于前缀"meta"所构成的新学科、新术语不断涌现出来,如"metalogic"(元逻辑学)、"metachemistry"(元化学)、"metapsychology"(元心理学)等,这类被冠以前缀"meta"所构成的新学科也就被称作"元理论"学科。从"元理论"在数学、逻辑学等学科领域的运用看,作为一种研究方法,它主要是以一种批判的态度来审视原来学科的性质、结构及其理论形式的种种表现。至迟在19世纪中叶以来,伴随着"科学哲学""科学学"的产生,"元科学"(metascience)的概念也应运而生。从狭义上说,它指的是用逻辑分析的方法对一般科学理论的概念和逻辑结构进行分析,这正是逻辑实证者的专长。因此,狭义的元科学是科学哲学的一个组成部分;广义的元科学则是"科学的科学",也就是把科学作为一种社会现象全面地进行研究。可以说,科学哲学、元科学、科学学之间有重叠、有交叉、有互补,都是关

---

① 陈永生.档案学论衡[M].北京:中国档案出版社,1994:18.

于科学的元理论。在科学元理论研究的启示下,不少具体的学科也开始了自己元理论研究的进程,即从学科自身的角度来反思自身并重新整合自身。因此,当某一学科在尝试建立元理论时,它就是在反省、在思索。反省、思索是痛楚的,而其中隐藏着变革。然而,这种阵痛正是成熟的代价。或是试图证明自己,如元数学;或是最终否定自己,如分析哲学;或是修正自己,如元历史学。无论结局怎样,元理论最终将使学科正视自己,一如既往地继续下去,或是重新寻找今后的道路。

这种处在元科学层面的学科自身理论就是该学科的元理论。比如,"在管理学中,本原的研究就是管理学的元理论(meta-management)。也就是说,管理学在自然、人文以及社会的多个学科以及研究方法之外还涉及研究管理学自身的特点及其演进规律——元理论"[①]。可见,"对各不同学科领域进行一般元理论研究,就分别形成与这些学科相关的元理论"[②]。一门具体学科的元理论是一个相对独立的领域,它不能停留在零散的思考层次上,而是对学科进行系统的反思,甚至能成为该学科的一门分支学科,如元社会学、元心理学等。目前国内许多学科已开始有意识地进行了类似的研究,提出构建"文学理论学"("元文学学")[③]、"图书馆科学学"[④]等。

---

① 张媛媛,周洋,张莹.元理论对管理学交叉学科属性的质疑[J].大连大学学报,2011,32(6):107—109.
② 王协舟.基于学术评价视阈的中国档案学阐释与批判[M].湘潭:湘潭大学出版社,2009:20.
③ 董学文."文学理论学"构建刍议[J].北京大学学报:哲学社会科学版,2004,41(4):110—116.
④ 王续琨,刘凡儒.图书馆科学学刍议[J].图书情报工作,2002(7):39—43.

  档案学作为一门独立的学科,档案学的研究对象不仅仅是档案和档案工作,还应该包含档案学自身。将档案学自身纳入档案学研究范畴之内,就是"元科学"("元理论")理念在档案学研究领域的体现。尽管目前提出一门"元档案学"可能还为时过早,但许多档案学者早已对档案学自身的诸多理论问题开展了相关研究。国内档案学者从 20 世纪 80 年代开始,随着档案学是一门独立的学科达成共识,在继承档案学研究关注现实工作问题研究的优良传统的基础上,开始有意识地从元科学层面研究相关的档案学学科理论问题,特别是 20 世纪 80 年代末到 90 年代初,档案学界开展了广泛的"回顾与展望"式的研究,为档案学元理论的研究打下了良好的基础。到目前为止,国内档案学界发表了不少有关档案学元理论研究的论文,但相关的专著不多,主要有吴宝康教授的《档案学理论与历史初探》(四川科学技术出版社,1986 年)、陈永生教授的《档案学论衡》(中国档案出版社,1994 年)和胡鸿杰教授的《中国档案学的理念与模式》(中国人民大学出版社,2005 年)。而"与中国档案学研究的上述状况相比较,外国档案学研究领域所走的是一条更为明显的实用操作道路","在这种情况下,档案学研究是不可能注重对自身问题进行理论探讨的"。① 因此,国外档案学者对档案学学科自身问题的研究很少,他们更关注档案工作实践中的现实问题,即便是有关档案学基础理论的研究也多与实际工作紧密结合,重在务实。应该说,国内已有的研究成果既为我们开展后续的研究也为我们构建档案学元理论知识体系奠定了良好的基础。

  如此,档案学理论自然而然可由传统的两大部分扩展为三大

---

① 陈永生.档案学论衡[M].北京:中国档案出版社,1994:6-7.

部分:元理论、基础理论、应用理论。元理论是档案学理论体系中有关档案学学科自身的理论,是档案学学科的基础理论,它是对档案学学科元问题的高度理论概括,有助于我们把握档案学学科的科学性及其内涵。"任何一门学科都必须具有元理论的部分,否则就是一个缺乏核心的松散联盟,不成其为科学。"①基础理论是在档案学理论体系中对档案和档案管理活动起基础性作用并具有稳定性、根本性、普遍性特点的理论原理,如档案的定义和本质、档案的作用和价值,档案管理活动的性质和规律、基本原则等等。应用理论是指在基础理论的指导下对档案和档案管理活动具有直接指导意义和可操作性的理论,如管理操作层面的具体标准、制度、原则等等。档案学理论体系就应该是这三者的科学合理的完美统一。

　　显然,目前档案学元理论研究的薄弱对档案学的发展十分不利。如从 20 世纪 80 年代中后期开始,档案学专业的高等教育中就有了档案学概论的课程,该课程的教材内容一般分为档案、档案工作、档案事业、档案学四个部分,但其中有关档案学自身问题的研究论述并不多,从而使得教材内容与课程名称并不完全相符,因为"档案学概论应当以论述档案学本身的问题为主"②。之所以会这样,主要的原因还是以往对档案学元理论的研究不足,单靠既有的档案学元理论理论成果还难以支撑起档案学概论课程教材的全部内容。一门课程建设尚且如此,更不用说对学科自身进行反思与批判了。

---

① 闫艳."思想政治教育是什么"的元问题追问——《思想政治教育学元理论研究》评述[J].集美大学学报:教育科学版,2013,14(2):128.
② 胡鸿杰.中国档案学的理念与模式[M].北京:中国人民大学出版社,2005:232.

因此,随着档案学研究的深入,档案学除了需要研究档案和档案工作的具体实践问题和有关的理论问题外,也迫切需要从元科学层面加强对档案学学科自身的相关元理论进行研究。这是档案学研究发展到一定程度的必然趋势。

档案学元理论研究是档案学研究的有机组成部分,与一般的研究不同,它是以档案学学科自身作为研究对象,对档案学学科自身的一系列元理论问题,如档案学的逻辑起点、研究对象,档案学的学科性质、类型及归属,档案学的学科体系,档案学与相关学科的关系,档案学的方法论体系,档案学的范式,档案学的术语,档案学的学术评论,档案学的本质特征、功能及地位,档案学的发展规律,档案学的研究等等,进行深入的研究探讨,这对于进一步深化我国档案学的理论研究,加强档案学的学科建设,充实和完善档案学的理论知识体系将起到积极的作用。

档案学元理论作为档案学学科基础理论之基础,对它的研究,既拓展了档案学研究的范畴,扩展了档案学理论研究的外延,也能提升档案学学术研究的理论层次。因而,进行档案学元理论的研究,对于加强档案学学科的自身建设和提升档案学学科的水平,具有十分重要的意义。具体来说,档案学元理论研究的意义主要表现在以下几个方面。[①]

一是为档案学研究提供了一个新的观察点。长期以来,不少档案学研究者受自身的研究兴趣、学识水平、所处环境、资料条件以及能利用的时间、精力等因素的制约,往往将研究的视野局限于档案学的具体问题上(特别是应用理论上),陷身其中不能自拔(当

---

① 参考了潘连根、何宝梅的《秘书学元科学层面的研究亟待加强》(载《秘书》2000 年第 3 期)一文。

然这种研究也是需要的），从而影响了档案学的整体理论建设。"不识庐山真面目，只缘身在此山中。"而元理论则可以使我们摆脱"身在此山中"的局限，能够从更高的高度去鸟瞰整个档案学，可以帮助我们开阔视野，发现档案学研究中原来被忽视的许多问题，如档案学在整个学科之林中的地位与功能，档案学与社会诸因素（如政治、经济、科技、文化等）之间的关系，档案学整体发展（迁移）的方向，档案学科学研究的组织管理及研究队伍的智力结构等。

二是为档案学研究提供了新的方法。元理论对于档案学研究者来说，不仅开拓了研究的视野，更重要的是提供了一种新的方法——从整体系统的角度去研究档案学自身。这种整体系统的分析与综合，不仅大大拓展了研究者思维能力的状态空间，有效地深化了思维方式的变革程度，而且有助于从整体上对档案学进行全面系统的研究，探索整个档案学发展的规律。如研究档案学的学科体系，把档案学作为一个完整的系统来考察，着重研究整个学科体系内外的联系，并注意联系的等级和层次，在此基础上揭示出各分支学科的内在关系，找出档案学发展的规律，从而指导我们制定发展档案学的战略和策略。当然，元理论也能促使档案学与许多相关学科的相互渗透，有利于对各学科研究方法的沟通与借鉴，扩大档案学的开放度，使其触角纵横延伸。

三是有助于培养形成一支高素质的档案学研究队伍。由于要对档案学进行元科学层面的研究，牵涉到许多学科的知识（如哲学、历史学、社会学、逻辑学、文化学、科学学、系统学、心理学、经济学乃至数学等），因此要求档案学研究者具有渊博的学识、开阔的视野、开创性的思维，从而有助于形成一支高品位、高素质的研究队伍，为深入研究档案学提供必要的人才保障。

总之,档案学元理论研究为我们从高层次的战略意义上探索档案学的整体理论、发展规律提供了一条新的途径。(这一点已从元理论在其他学科的推广应用中得到证实。)尽管我们现在用元理论来构建一门"元档案学"还为时过早,但元理论研究作为一种批判性的"反思"科学的活动,对档案学自我认识的系统化、理论化还是具有非常重大的意义。

第一章　档案学逻辑起点之研究

　　任何一门学科都具有自己的理论体系,且这种体系都有自身的逻辑结构,具备一个逻辑起点。学科的逻辑起点,或称为"学科的开端""学科的出发点",是构建学科理论体系的基石范畴。探索确定一门学科的逻辑起点,将有助于确立学科的研究范畴和理论体系的构建。因为,"一门学科的逻辑起点,通常是代表这门学科合乎理性、符合科学发展规律的发端,往往对该学科的建构和发展起着至关重要的作用"①。

　　21 世纪以来,随着国内各学科的发展,逻辑起点问题日益成为各学科理论研究中的一个重要问题而受到重视,开始进行相关的研究和探索。我国的档案学者也自觉加入到这一研究行列,开始对档案学的逻辑起点问题在原有基础上进行较为全面系统的研究,取得了一定的研究成果。② 笔者以"逻辑起点"为主题并含"档案学"为关键词在中国知网上进行精确检索,共得到 31 条结果,其

---

① 胡鸿杰.中国档案学理念与模式[M].北京:中国人民大学出版社,2005:1.
② 据邵华在《中国档案学逻辑起点研究考评》(载《档案学通讯》2014 年第 1 期)中分析,我国的档案学逻辑起点的研究过程可分为探索期(1989 年)、萌芽期(20 世纪 90 年代)、全面开展期(2001 年以来)。因此,可以说,我国对档案学逻辑起点的真正全面系统的研究始于 21 世纪。

中期刊论文 25 篇、会议论文集论文 1 篇、硕士学位论文 5 篇。此外,涉及此问题的学术著作在国内较有影响的主要是胡鸿杰教授的《中国档案学的理念与模式》(中国人民大学出版社,2005 年)、《化腐朽为神奇——中国档案学评析》(世界图书出版公司,2010 年)。

然而,笔者在认真研读相关研究成果之后,认为目前我国的档案学逻辑起点的研究中仍存在许多问题,突出表现在档案学逻辑起点的众说纷纭、莫衷一是。这种状况必然会影响档案学逻辑起点理论研究工作的成效和档案学理论体系的构建完善。为此,笔者在此将对档案学逻辑起点的有关问题做进一步的探究,以期能深化该问题的研究。

第一节　逻辑起点的内涵

要探讨学科的逻辑起点问题,首先必须正确理解逻辑起点的内涵,即逻辑起点究竟是什么。如果对此认识不清,则有关学科逻辑起点的研究结论就缺乏足够的说服力和可信度。笔者在研读有关档案学逻辑起点的论文中发现,不少论文要么对逻辑起点内涵避而不谈,要么仅仅简单引用黑格尔、马克思等有关逻辑起点"规定性"的经典论述,要么直接给出一个他人或自己的逻辑起点定义而没有展开阐述,甚至还有只提出档案学逻辑起点是什么的设想而没有予以论述。因此,不能不说这样的研究方法是值得商榷的。

关于逻辑起点的认识,影响最深也最广的是黑格尔在《逻辑学》一书中提出的 3 条有关逻辑起点的质的规定性:第一,逻辑起点应是一门学科中最简单、最抽象的范畴;第二,逻辑起点应揭示对象的最本质规定,以此作为整个学科体系赖以建立的基础,而理论体系的全部发展都包含在这个胚芽中;第三,逻辑起点应与它所反映的研究对象在历史上的起点相符合(即逻辑起点应与历史起点相同)。① 此后,有学者又补充了2条规定:一是逻辑起点应与研究对象保持一致性(即逻辑起点的抽象性应受它所反映的研究对象的限制——既不可抽象不足,也不应抽象过度);二是逻辑起点应当以"直接存在"形态承担一定的社会关系。② 尽管在确定具体学科的逻辑起点时,一般只根据黑格尔提出的3条规定性,后来补充的2条规定虽然尚未达成学界共识,但笔者以为也是很重要的参考条件。

逻辑起点的质的规定性,其内涵十分丰富,对它们的正确认识和理解就成为一门学科逻辑起点研究的前提。而如何根据这些规定的内涵结合具体学科的历史的和现实的状况去分析研究,则是确立该学科逻辑起点的关键。

首先,逻辑起点是一个范畴。作为一个哲学概念,范畴是反映事物本质属性和普遍联系的基本概念。在哲学中,范畴概念被用于对所有存在的最广义的分类,如时间、空间、数量、质量、关系等都是范畴。由于范畴性概念所涵盖的对象范围是最大的,因而在分类学中范畴是最高层次的类的统称。由此,我们知道,学科的理论体系是该学科系统化的一种知识体系,即概念的逻辑体系。它具体是指该学科的概念和联结这些概念的判断,通过推理、论证,形成一个层次分明、结构严密的逻辑系统。可见,在该学科概念体

---

① 参见黑格尔《逻辑学(上)》(商务印书馆,1981年)的"第一篇　有论"中的"必须用什么作科学的开端"部分(第33—40页)。黑格尔的这3条规定,其实是后来的学者根据黑格尔的论述概括出来的。

② 瞿葆奎,郑金洲.教育学逻辑起点:昨天的观点与今天的认识(一)[J].上海教育科研,1998(3):2—9.

系中最顶端的概念就应是该学科的逻辑起点,因为这样的概念才是理论体系得以展开、赖以建立的客观根据和基础。

其次,逻辑起点这个最顶端的概念必须是最简单、最抽象的"物"的概念。逻辑起点必须是理论体系中最简单、最基本的概念,如此才能建立一个从简单到复杂逐步演绎的理论体系,使理论体系具有认知上的价值和意义。或者说,这种最简单的概念必然蕴含在该学科全部理论体系之中,成为"不可分割"的概念。越是简单的往往也越是抽象的,因为在学科理论体系的建构过程中,总是从最初的研究对象生动丰富的具体经验中抽象出最简单、最基本、最抽象的范畴。抽象程度越高,其内涵也就越少。因此,作为逻辑起点的最抽象的概念,在该学科理论体系内应是一个自明的概念,它不需要其他理论范畴来加以解释。当然,这种逻辑起点的抽象应以"揭示对象的最本质规定"(或者说就是有些学者所补充的逻辑起点应与研究对象保持一致性)为前提,否则有可能产生抽象过度或抽象不足的问题。此外,作为逻辑起点的概念,"既不是关系,也不是矛盾,更不是问题,而是在这些关系、矛盾、问题中的一个物的概念,是一个以'关系'和'矛盾'为实质的'物'的概念,否则就没有办法解释马克思不用'买卖'关系、矛盾或问题作为逻辑起点,而是使用'商品'作为逻辑起点研究的先例"[①]。这就是有些学者所补充的逻辑起点应当以"直接存在"形态承担一定的社会关系。注意,这个"物"属于辩证唯物主义的物质范畴,指不依赖于人的主观意识而又能为人的意识所反映的客观实在,而不是自然科学的物质概念。

---

① 周越,徐继红.逻辑起点的概念定义及相关观点诠释[J].内蒙古师范大学学报:哲学社会科学版,2006,35(5):16—20.

最后,历史起点和逻辑起点应该相吻合,"历史从哪里开始,思想进程也应当从哪里开始"①。"历史从哪里开始",就是历史起点,是理论体系形成的时间开端;"思想进程也应当从哪里开始",就是逻辑起点,是理论体系形成的逻辑开端。根据唯物辩证法的观点,历史起点和逻辑起点不是同一个概念但在逻辑上是一致的,具有逻辑关联性。因为历史起点作为历史上最初呈现出的事物或现象,往往是最简单、最直接的,而逻辑起点则是在历史起点中抽象出来的,与历史起点有着逻辑上的关联性。

需要指出的是,逻辑起点不同于研究对象。研究对象是研究范围的聚焦,不能"泛化"等同于研究范围,也不能"窄化"等同于逻辑起点。逻辑起点肯定是学科的研究对象之一,是学科研究对象中最简单、最一般的本质规定。逻辑起点只是学科理论体系的构建的基础,而在该学科理论体系中的他物概念也都可能成为研究对象,甚至连该学科自身也可成为研究对象。

第二节　档案学逻辑起点的研究现状及其评析

应该说,目前我国档案学界关于档案学逻辑起点的研究开始进入到全面系统的研究阶段,这是档案学发展到一定程度的必然要求。有关档案学逻辑起点的各种观点纷呈,不同的研究流派也初显端倪。因此,对现有的各种观点进行梳理分析,将有助于档案学逻辑起点研究的深入。

为便于讨论,笔者将我国学者有关档案学逻辑起点研究论文的主要观点列成下表。

---

① 马克思恩格斯全集(第13卷)[M].北京:人民出版社,1972:532.

我国学者档案学逻辑起点研究观点表

学 者	观 点	论文题名	刊 物	刊 期
王绍忠	档案定义	档案定义研究述评	档案工作	1990(8)
张照余	档案工作所应发挥的社会功能	文件与档案关系问题的思考	档案学通讯	1999(4)
潘连根	(广义的)文件	我国档案学学科的整合趋势与发展方向	浙江档案	2005(4)
冯湘君 刘新安	档案物质实体的双重构成	现代档案学的逻辑起点——档案物质实体的双重构成	浙江档案	2005(7)
傅荣校 靳颖	文件运动	后保管时代与档案学理论逻辑起点的认识和概念重建——后保管时代档案学基础理论适应性问题研究之二	档案管理	2008(2)
陈忠海 孟祥喜	原始记录材料内容的有用性	对档案学逻辑起点的认识——兼论档案本质属性	档案管理	2008(4)
高大伟	信息交流	中国档案学尊严的回归——基于学科范畴体系的考察	档案学通讯	2010(1)
刘言 蒋卫荣	社会记忆	中国档案学"逻辑起点"研究述评	档案学研究	2011(4)
耿磊	原始记录性	浅析档案学的逻辑起点及学科体系的构建——由一棵树的生长联想来	湖北档案	2012(4)
胡鸿杰	文件	再论中国档案学的逻辑起点	档案学通讯	2013(4)
孙大东	档案信息	中国档案学逻辑起点研究	档案学研究	2015(6)

上表有关档案学逻辑起点的认识,有的是学者专门作为一个论题进行了较为深入的研究之后得出的结论,而有的只是学者在相关论题中因涉及逻辑起点问题而提出的一些初步的思考和认识,当然也有一些学者对档案学的逻辑起点问题提出过这样那样的看法和认识,但因其未进行详细论述而没有纳入表中。然而,不管怎样,这些思想或观点都值得尊重,因为它们既是我国档案学者

在探索档案学逻辑起点问题的研究进程中的劳动成果，也是我们今后进一步研究档案学逻辑起点问题的宝贵财富。

需要说明的是，有的学者将上述观点归纳为档案学逻辑起点的"档案说""文件说"[①]，或将上述观点归结为"传统档案学派""行政管理学派""文件运动学派"[②]，或将上述观点分成"属性论方向""功能论方向""动力论方向""概念论方向"[③]。笔者是不大同意对目前档案学逻辑起点主要观点进行归纳分类的，因为一方面上述归纳都是学者根据自身的理解做出的，并不一定十分精确地表达了论文作者的本意，如"档案说""文件说"，也不能因作者提出了某种观点就一定属于某个学派，更何况学派之存在与否还得另说，至于"属性论方向""概念论方向"等的说法本身就不合乎逻辑，因为事物的属性都包含在概念之中。另一方面，如果人为地将上述观点进行归类，也会给后来的研究者套上思维的枷锁，影响了研究视野的拓展。因此，笔者在此不对上述观点进行任何所谓的分类，而是抱着务实的态度看待每一种观点。

由于探寻档案学的逻辑起点，首先必须找出档案学最简单、抽象的概念，而这个概念又必须是档案学理论体系构建的基础，同时要与档案学的历史起点相吻合。档案学的逻辑起点作为档案学理论体系构建的根据和基础，也应是档案学理论体系中"不可分割"的一个自明的"物"的概念（不可抽象过度或抽象不足），这个概念究竟是"档案"还是"文件"，此处暂且不论。笔者先根据逻辑起点

① 孙大东.中国档案学逻辑起点研究[J].档案学研究,2015(6):8－12.
② 刘言,蒋卫荣.中国档案学"逻辑起点"研究述评[J].档案学研究,2011(4):24－27.
③ 邵华.中国档案学逻辑起点研究考评[J].档案学通讯,2014(1):35－39.

的内涵对上述有关观点进行简单剖析和商榷。

"档案定义说"，其不妥之处在于：定义是概念的说明，非概念本身，同一概念可以有许多不同的定义，档案定义也因研究者认识的方法和角度的不同而有许多不同的表述。因此，关于档案定义的探讨最多只能说是档案学研究的起点，因为研究起点只是我们着手研究开始认识某一事物的起点，而逻辑起点才是对理论体系进行叙述的起点。可见，"档案定义"绝对不是档案学的逻辑起点，否则众说纷纭的档案定义怎么可能成为档案学理论体系建立的基础呢！

"档案工作所应发挥的社会功能说"，显然并不符合成为一门学科逻辑起点的"规定性"，事实上现有的档案学理论体系也不是在此基础上构建发展起来的。

"档案物质实体的双重构成说"，是指"文件实体集合"与"档案历史联系的记录"是现代档案学理论体系的逻辑起点。应该说，此说是极有创新性的，如果此说成立，必将对现有的档案学理论体系进行重构。然而，有几个问题值得商榷。一是一个独立的学科的理论体系往往只有一个逻辑起点，除非是交叉学科才会有两个或以上的逻辑起点，如教育技术学的逻辑起点，一般认为是"教育"和"技术"的双重构成，档案学不是交叉学科，不应出现双重的逻辑起点。二是从其本意来看，"档案物质实体的双重构成"强调的仍然是"档案物质实体"即"档案"本身，"档案＝文件实体集合＋档案历史联系的记录"①。因此，从逻辑起点是最简单、最抽象、最本质的规定性来说也应是"档案"概念本身，"档案物质实体的双重构成"明显抽象不足。三是"档案物质实体的双重构成说"尽管出现了

---

① 刘新安.档案物质实体的双重构成[J].档案学通讯,2003(5):10—14.

"文件实体集合"与"档案历史联系的记录"的表述,但我们也不能抽象出"文件"与"档案"的逻辑起点,因此该说与档案学逻辑起点的"文件说"完全不同,倒是与档案学逻辑起点的"档案说"接近。

"文件运动说",是文件运动理论研究的产物,但此说也有存疑之处。一是文件运动理论并不能包含全部的档案学理论。从文件运动理论模型看,也仅仅是将"全宗理论、文件生命周期理论、文件价值理论和档案信息服务理论中的相关概念有机地架构在同一个多维化模型之中"①,可见"文件运动"不可能成为档案学理论体系的逻辑起点。二是从哲学上说,物质是运动的物质,运动是物质的固有属性和存在方式;运动是物质的运动,物质是运动的主体,是运动的承担者。而作为学科逻辑起点的范畴只能是"物"的概念,如果将物质的运动属性作为逻辑起点,那么"××运动"就可以成为任何一门学科的逻辑起点抽象了,马克思《资本论》的逻辑起点也应是"商品运动"而不是"商品"了。三是如果文件运动理论单独构成一个理论体系的话,其逻辑起点也应是"文件"而不是"文件运动","文件运动"显然也抽象不足。

"原始记录材料内容的有用性说",其存在的问题:一是抽象不足。如果认为这与档案学的逻辑起点有关,就其本身而言也应抽象为"原始记录材料"而不该是"原始记录材料内容的有用性","原始记录材料内容的有用性"不是一个"物"的概念。二是如果认为"档案"就是唯一的"原始记录材料",那么作为档案学的逻辑起点也应表述为"档案"而不是"原始记录材料",而事实上"原始记录材料"并不是档案学中一个自明的概念,恰恰是需要用档案学理论来

---

① 何嘉荪,金更达,叶鹰.文件运动理论模型初探——文件运动理论研究之二[J].档案学通讯,2004(1):18-22.

解释的一个概念。

"信息交流说",显然作为一门独立学科的逻辑起点"物"的概念对之抽象而言应是"信息"而不是"信息交流",这是抽象不足,因为"交流"仅仅是指信息的互换过程。同时,对档案学而言,"信息"也不是一个自明概念,这是一个需要信息学来解释的概念。因此,"信息"应是信息学(信息学是研究信息的获取、处理、传递和利用的规律性的一门新兴学科)的逻辑起点,绝不会是档案学的逻辑起点。

"社会记忆说",仅是学者提出的设想,在文中并没有阐述,因此不能妄加评论。由于档案是一种社会记忆,但不是唯一的社会记忆,因此,将"社会记忆"作为档案学的逻辑起点,明显抽象过度,且"社会记忆"既不是档案学的一个自明概念,也与档案学产生的历史起点不符。

"原始记录性说",明显是将档案的本质属性作为了档案学的逻辑起点,而没有将其抽象到档案"物"的本身概念,是抽象不足。

"档案信息说",正如学者自己在论文中所说,"信息是事物运动的存在或表达方式,是一切物质的普遍属性"[①],而且档案的信息属性仅仅是一种档案的一般属性[②],如果说"档案信息"能成为档案学的逻辑起点,那么档案其他的一般属性如档案知识属性等是否也能成为档案学的逻辑起点?连档案的本质属性"原始记录性"都不能成为档案学的逻辑起点,更何况是一般属性呢!如果说档案学和信息学交叉产生一门档案信息学,则其逻辑起点应是"档案"和"信息"的双重构成也不会是"档案信息"本身,因为"档案信息"

---

① 孙大东.中国档案学逻辑起点研究[J].档案学研究,2015(6):8-12.
② 吴宝康.档案学概论[M].北京:中国人民大学出版社,1988:44.

是个可分割的概念，且"档案信息"中的"信息"概念本身在档案学中也不是一个自明概念，它是需要信息学来解释的。

"文件说"与"广义的文件说"，作为档案学逻辑起点的"文件"或"广义的文件"，其概念是一样的。"文件说"与"广义的文件说"，都是从档案学学科发展的角度来重新探索其逻辑起点的，即前者是把作为部分管理活动的档案管理融入整体管理活动之中，从管理活动的基本方式出发去建构档案学。后者则是从文书学和档案学整合发展的趋势去建构档案学。其实，"文件说"，就笔者理解，也就是将档案管理融入文件（指广义的）管理，因为档案管理仅仅是文件管理的一个阶段，因此，从管理活动的系统性和完整性角度看，传统的档案学理论体系需要重新修正、完善，即从完整的文件管理活动出发去重新建构、发展原有的档案学理论体系，而"文件"正是这种新建构的档案学理论体系的逻辑起点。如此，可以说"文件说"与"广义的文件说"是殊途同归！

第三节　"文件"是档案学的逻辑起点

我国的文书学和档案学是在 20 世纪 30 年代国民政府开展的以文书档案改革为主要内容的"行政效率运动"中产生的，在这一运动中推行的"文书档案连锁法"实际上是我国文件、档案管理一体化的最初尝试，但由于实践的对象仅仅局限于机关单位的文书、档案工作，而机关单位的文书、档案工作联系十分紧密，因而当时的学者首先对文书和档案的关系进行了研究界定，认为文书和档案是同一事物的两个不同阶段，并对机关单位的文书处理和档案管理进行了统一研究。因此，从学科产生之初看，由于当时"文书学和档案学的概念还没有明确的划分"①,因而有些学者认为,"在中华民国建立初期对档案管理的研究,萌芽于文书学之中"②,我国"档案学的创建便发端于文书学即文件学的展开研究之中"③。但笔者以为,我国的文书学和档案学是同时产生的,你中有我,我中有你,无法明确区分开来。据笔者翻检《中国档案学文书学要籍评述(1910—1986)》,其中不少著作,如顾震白《文书处理法》、梁上燕《县政府公文处理与档案管理》、殷仲麒《学校文书处理与档案管理》、陈国琛《文书之简化与管理》、朱伯郊《文书处理程序》、傅振伦《公文档案管理法》等,都是同时包含文书处理和档案管理的内容,"反映出民国时期的档案管理学和文书学之间的紧密关系……充分说明了档案管理学的形成同文书学有着密切的渊源关系,很难明确区分开来"④。由此可见,档案学在产生之初是和文书学合为一体的。由于文书档案连锁法虽然看到了机关单位文书工作和档案工作之间的联系,但是因当时档案工作的范围仅局限于机关单位档案工作(没有档案馆工作的实践),机关单位文书工作和档案工作仍然是界限分明的两个阶段,因而还不是真正学科意义上的文件、档案管理一体化。正是在这个基础上,这种"一体"是一种混沌不分的一体,而不是两者整合的结果。可以说,此时的文书学和档案学合为一体,其逻辑起点就是"文书"(即现在所指的"狭义的文件")和"档案"的双重构成。当然无论是从尊重历史事实的角度,还是从当时对文件概念的理解,都不适宜抽象为现在的"广义

---

① 吴宝康.档案学概论[M].北京:中国人民大学出版社,1988:248.
② 吴宝康.档案学概论[M].北京:中国人民大学出版社,1988:248.
③ 黄存勋,魏鹏飞.构建文件与档案学的设想[J].档案学研究,1998(1):20—22.
④ 刘文杰.中国档案学文书学要籍评述(1910—1986)[M].成都:四川大学出版社,1987:13—14.

的文件"概念。

中华人民共和国成立后,由于推行文书部门立卷制度,使文书工作和档案工作分属不同的系统,这一实践的结果,反映在学科建设上,就是文书学和档案学由混沌一体开始分流走上各自发展的道路。应该说,在当时的历史条件下,这种分流是有积极意义的,它促进了文书学和档案学的发展。如此,"文书"("狭义的文件")和"档案"也就分别成为独立的文书学和独立的档案学[①]理论体系建构的逻辑起点。

然而,随着文书工作和档案工作实践的进一步发展,特别是在20世纪80年代社会开始进入信息化时代,这种文档分离的机制日益显出弊端,它不利于对文件档案的运动过程进行全程控制,并由此引发一系列问题,如文书工作、档案工作相互之间不能有效协调衔接,存在大量的重复劳动,导致文档工作的效率低下,也不利于文档信息资源的整体开发利用,等等,于是我国档案界在20世纪80年代中期开始倡导文件、档案管理的一体化,这一倡议在20世纪80年代中后期因文件生命周期理论的传入为其提供坚实的理论基础之后,更是得到了档案界的积极响应。但是,由于档案界对文件、档案管理一体化的认识不仅局限于在一个机关内文书工作和档案工作的有机结合,并未将文件运动至档案馆的阶段纳入其中,而且主要考虑的是通过借助计算机技术来实现文件目录数据库的

---

① 关于文书学和档案学的关系问题,在建国初期一直是将文书学作为档案学的分支学科看待的,但在20世纪80年代以来,除少数学者仍坚持这一观点外,如吴宝康教授始终认为"文书学仍可属档案学的一个分支学科"(见吴宝康的《"文件生命周期理论"问题引起的若干思考》,载《档案学通讯》1993年第1期),但大多数学者认为文书学是和档案学密切相关的学科,不能将其纳入档案学的学科体系之内。

转移从而达到与档案室的共享，并未全面涉及从文书处理到档案管理的所有环节的流程的重组再造。受这种认识的局限，在文档一体化管理的实践探索中，所谓的文档一体化管理系统往往是机关内文书工作系统和档案工作系统的简单合并，很难实现文件从产生形成直至销毁或档案馆永久保存的整个运动过程的全面控制与优化。显然，这并非真正科学意义上的文件、档案的一体化管理。

到了 20 世纪 90 年代，电子文件的大量产生对传统的文档管理工作提出了严峻的挑战，因为"与传统的文件、档案管理相比，电子文件、档案的管理具有相关因素增多，各因素之间的相关度增高，变量增多，目标复杂化，技术含量更高、更新、更快等新的特点，从而对管理活动提出了更高的要求"①。对于电子文件的管理，目前档案界一致认为必须实行全程管理和前端控制的原则，比如电子文件在其管理系统设计时，就必须将档案管理的要求嵌入其中，以确保生成的电子文件符合档案管理的需要，因而在电子文件管理系统中，对文档工作的流程进行了彻底的重组再造，不再似传统的文档工作是明显可以区分的前后相继的两项工作，这一结果事实上导致了文档之间的界限的模糊性（但在其运动过程中价值仍是有规律地变动着），因而促使我们对文档的一体化管理有了一个全新的更为科学的认识，即"'文件档案管理的一体化'指的是对文件和档案的运动流程实施统筹规划、全面控制和综合管理，包括管理体制的统一设计、组织机构的统一设置、管理人员的统一配备、管理制度的统一规范等等"②。客观地说，随着现代信息技术的日益

---

① 冯惠玲.电子文件管理教程[M].北京：中国人民大学出版社，2001：12.
② 黄霄羽.文件、档案一体化管理的科学含义[J].档案学通讯，2002(3)：29—32.

发展,这种真正科学意义上的文档管理一体化不仅日益显示其必要性,而且也具备了得以实现的技术保障条件。

这种真正科学意义上的文档一体化管理实践,将促使文书学和档案学的重新整合,应该说,这种整合的发展趋势是十分明显的(事实上已经处在整合的过程中)。这种整合(有人称之为文书档案学,也有人称之为文件与档案学,笔者在此仍延续传统称为档案学)不仅可以促使我国档案学向纵深发展,也与西方现代档案学的发展趋势相一致。

其实,自 20 世纪 40 年代以来,西方档案学者开始认识到文件管理与档案管理之间的内在联系,并着手探讨文件自身的运动规律,最终形成了作为西方现代档案学基础理论之一的文件生命周期理论。应该说,将文件(狭义的)管理和档案管理融为一体进行研究是现代西方档案学者的一个特色。这在反映其研究成果的著作中可得到证实,如 T. R. 谢伦伯格《现代档案——原则与技术》、路易斯·费·比阿萨利《档案管理技术实用手册》、彼得·瓦尔纳《现代档案与文件管理必读》以及联合国教科文组织和国际档案理事会合作开展的"文件与档案管理规划"(PAMP)项目的调研报告,都将文件(狭义的)管理的理论与实践纳入其中。但是,我国长期以来,却一直将文件管理(在我国称之为"文书工作""文书处理")作为文书学的研究内容而排斥在档案学之外,从而导致将具有连续性的同一事物以归档为界明显分为文书(文件,狭义的)、档案而分别纳入文书学和档案学的研究之中,注重的是文件运动的阶段性而相对忽视了其运动的整体性特点,在实践中也就忽视了对文件运动的全程管理,文件管理和档案管理之间难以协调发展,存在着"两张皮"的现象。因此,整合后的档案学将文件(狭义的)管理理论纳入其体系之中,也是我国档案学与国际接轨的需要。

可见,由于现代文件特别是电子文件的运动自始至终处在一个管理系统内,在这种真正意义上的文档一体化管理系统内不再存在传统意义上的"立卷""归档"的概念,因而文档之间的界限已十分模糊(文档概念是否也应一体化可以进一步商榷探讨),如此一来,整合后的档案学并不是原有文书学和档案学的简单叠加合并,而是系统研究文件(广义的文件,包括档案)现象及其本质规律的学科,具体而言,主要是系统揭示文件在其生命周期全过程中的性质、特点与运动规律,探讨文档一体化管理的理论、原则、方法与技术等。从目前我国档案学的研究现状看,由于广义的文件观逐渐为我国档案界所接受,许多理论如文件生命周期理论、文件连续体理论、电子文件管理理论等,已很难说是文书学还是档案学的,当然事实上现在都将它们纳入档案学的研究范围,甚至已经成了我国档案学研究的重点内容。因此,文书学和档案学的这种整合重构的趋势可以说是顺理成章水到渠成。如此,"广义的文件"自然就成为这种整合后的档案学的研究起点和逻辑起点。以"广义的文件"(如果广义的文件概念能为大家普遍接受的话,干脆就直接表述为"文件")作为档案学的逻辑起点,这必将导致档案学的研究对象、范畴、理论体系的重构,从而促进档案学的进一步发展。

总之,"文件"作为档案学(由传统的文书学和档案学整合发展而来)的逻辑起点,完全符合有关逻辑起点的质的规定性,即"文件"将是档案学最顶端的"物"的概念,且这一概念抽象适中,是档案学中的一个不可分割的自明的最简单的概念,也与传统文书学和档案学的历史起点一致,可以成为档案学理论体系得以展开、赖以建立的客观根据和基础。

第二章 档案学研究对象之研究

　　具有独特的研究对象,是一门学科独立的必备条件。界定一门学科的研究对象,对于该学科的理论建设具有十分重要的意义。因为,任何理论都是关于某种对象的理论,理论的逻辑论证都是为了说明对象而进行的。明确了研究的对象,才能进行科学研究;界定了研究的对象,才能建立科学理论。科学理论的发展水平与人们对研究对象的认知程度密切相关。

　　毋庸置疑,档案学发展至今,早已成为一门独立的学科,具有自己独特的研究对象。但是,从档案学发展的历史来看,我们对档案学研究对象的认识是有一个由表及里、由浅入深的过程的,并由此推动了档案学学科的进一步发展。

　　笔者在此将从学科研究对象的确立入手,对档案学研究对象的有关问题作进一步的思考。

第一节　研究对象的确立

　　主体与客体,是用以说明人的实践活动和认识活动的一对哲学范畴。主体是实践活动和认识活动的承担者;客体是主体实践活动和认识活动指向的对象。在科学研究活动中,科学认识的主体——研究者所要认识的客体,就是科学的研究对象①。正是因为研究对象的不同,才使现有的科学知识体系有了科学部类、学科门类及学科之间的区别。即便是在当今科学知识体系发展日趋分化同时又日趋融合的背景下,不同的科学部类、学科门类、学科之间也会出现研究内容的交集,但依然要求每门学科具有自己相对独立的研究对象。

研究对象的认定和确立,必须遵循一定的原则。

1. 保证研究对象的特殊性。

毛泽东同志在《矛盾论》中指出:"科学研究的区分,就是根据科学对象所具有的特殊的矛盾性。因此,对于某一现象的领域所特有的某一种矛盾的研究,就构成某一门科学的对象。"②研究对象的这种特殊性,是一门独立的学科屹立于学科之林的必要条件。正是由于研究对象的这种特殊性,使得该学科形成的基本理论和建构的理论体系区别于其他学科,甚至还规定了该学科的研究内容和学科性质。因此,正确揭示和表述学科的研究对象,不仅是学科自身进一步发展的需要,而且也关系到该学科在整个科学领域为人所认知和认可的程度。

2. 明确研究对象和研究范围、研究内容的关系。

一门独立的学科都有自己特定的研究领域,研究范围就是指该特定研究领域内的全部事物。研究对象是研究范围的聚焦,是研究范围的抽象与概括,但这种抽象与概括的程度又与研究者的认知水平有关,这也是一门学科研究对象的不同说法的根源所在。

---

① 研究对象的使用具有层次性,它可以指一个研究课题的研究对象,也可以指一篇学位论文的研究对象,当然此处特指学科的研究对象。

② 毛泽东著作选读(上册)[M].北京:人民出版社,1986:148.

研究内容则由研究对象派生出来,它可以用本学科的理论作基础,也可以用其他学科的理论作基础,甚至兼而有之,因此各学科的研究内容可以有交叉,但研究对象绝对不能交叉,否则就会丧失学科的独立性。

3.区分研究对象和逻辑起点。

研究对象和逻辑起点极易混淆。逻辑起点作为学科理论体系构建的核心概念,必定包含在研究对象之中,但它只是研究对象中最简单、最一般的本质规定,构成研究对象最直接和最基本的单位。因此,"从逻辑起点和研究对象的规定性看,研究对象涉及的是研究什么的问题,而逻辑起点涉及的则是思维从哪里开始才能把握运动的对象的问题。这两个问题有联系,但也有区别。二者的联系是,逻辑起点不能完全脱离研究对象,不能从一个与研究对象没有任何关系的范畴开始。但是,逻辑起点并不能等同于研究对象。二者的区别是,逻辑起点是思维把握研究对象的开始,不是研究对象的全部,因此,逻辑起点只涉及研究对象的某一局部,而不能涉及研究对象的全貌"①。

第二节　档案学研究对象的主要学术观点及其评析

档案学在产生之初,因与文书学尚未有明确的区分,且也不是一门独立学科,只是历史学的一个辅助科目,同时研究的内容也仅仅局限于机关单位的文书、档案工作,因而当时的学者重在界定文书和档案之间的关系,关注的是机关单位文书工作和档案工作的

---

① 高岭.论作为《资本论》逻辑起点的商品的性质——兼与罗雄飞教授商榷[J].当代经济研究,2015(7):36－43.

具体实践问题,不可能对档案学的研究对象有一个十分明确的界定,甚至还缺乏自觉探索档案学研究对象的条件和意识。

真正对档案学研究对象的问题进行有意识的思考和探索始于20世纪50年代。档案学被列入《一九五六——一九六七年哲学社会科学规划纲要(草案)》,正式作为一门独立的学科来加以建设。如此,档案学的研究对象就成为学界不得不面临的问题,也就开启了自觉探究研究对象的旅程。笔者将有关档案学研究对象的主要观点进行梳理并作如下简要分析:

1. 1957年程桂芬在《关于档案学问题》[①](以下简称程文)中指出,"档案学是研究档案文件和档案工作的发展历史以及全部档案工作实践活动的理论体系。档案学是由若干课目共同组成的,因此档案学实际上就是这些科学课目的总称。这些科学课目是:中国档案史、世界档案史、文书学、档案工作理论与实践(其中包括技术档案管理与组织、影片照片录音档案管理、档案文件保管技术学)、档案文件公布学。上述科学课目虽然都是档案学的一个组成部分,但是它们都各有一定的研究对象,因此它们又都是独立的科学课目。"接着,程文对各科学课目的研究对象和内容进行了阐述,认为如此"就可以更清楚地认识档案学的研究对象",从而指出:"档案学实际上也就是研究档案文件出现于人类历史舞台后的整个活动的客观过程。这整个活动的客观过程是从两个方面去研究的:一方面研究从古到今的各个历史时期的档案文件以及档案馆的发展历史,另一方面就是研究在国家机关工作中所产生的文件及其处理、档案文件在档案馆的系统整理、鉴定价值、安全保管、科学利用、编辑出版等一系列的工作活动过程。这些活动都是一环

---

① 程桂芬.关于档案学问题[J].档案工作,1957(1):26-29.

扣一环,互相密切地联系着,是一个统一的整体。"

从程文的论述过程来看,她是基于当时已有的档案学课目来分析抽象档案学研究对象的。因为"全国解放前的档案学所研究的范围实际上只是文书学和档案工作理论与实践的一部分内容",而现在有了这么多独立的科学课目,自然需要将各课目的研究对象包含在档案学的研究对象之中。比如,文书学在产生之初和档案学并没有进行明确的划分,甚至认为文书学就是档案学的分支学科,因而程文为了将文书学的研究对象容纳在档案学研究对象之中,就将档案学的研究对象表述为"档案文件活动的客观过程"。当然,为尊重当时将文书学作为档案学分支学科的历史事实,对此不应过于苛责。但问题是,即便基于当时已有分支学科的现状,而将档案学研究对象抽象为"档案文件活动的客观过程"是否恰当。程文认为"对象就是科学所研究的客观事物的范围",但笔者以为如此认识可能是将研究领域与研究范围混淆在了一起。顺着程文的思路,她所表述的研究对象实际上是档案学的研究领域——"档案文件活动的客观过程",如此档案学的研究范围应是该领域内的全部事物如"档案""文件(狭义的)""档案馆""档案室"甚至"档案学"等,而研究对象则应是对上述全部事物的抽象与概括(如何抽象与概括,又是另一个问题)。

值得说明的是,程文将文件(狭义的)纳入档案学的研究对象之中,而纳入的理由仅仅是由于文书学是档案学的分支学科,这与目前争论的有关"文件(广义的)"是否纳入到档案学的研究对象之中,已完全不在同一话语中。

2.程文发表后,同年蒋有恺就撰文《"关于档案学问题"的几个问题》①(以下简称蒋文)进行商榷。蒋文认为:"任何科学的对象,都不会是某一领域现象的全部内容。科学各个部门的发展,是一个从一个转化出来的,它们对事物现象的研究,有着互相渗透、交叉的关系。就拿档案这一现象来说吧,它本身就可能是好多科学研究的现象,可能是文学研究的现象,也可能是造纸技术研究的对象范围,至于从它的内容来说,牵涉的研究范围就更加复杂了。"然后根据程文的"档案学是研究档案文件和档案工作的发展历史以及全部档案工作实践活动的理论体系"的表述和对各课目研究对象和内容的阐述,认为程文是"以档案学全部内容代替档案学的对象",并提出"从个别档案文件系统成具有真正科学含义的'档案'的特点和规律"是档案学的研究对象。

从蒋文的论述来看,存在几个问题。首先是将研究对象与研究内容混为一谈。研究内容由研究对象派生出来,至于研究对象的所有方面能否都成为研究内容,这要看研究者对研究对象的把握程度和学科发展的水平。不同的学科研究内容也许会有所交叉,但研究的角度肯定不同,文学研究档案现象肯定是从文学的角度去认识研究,造纸技术去研究档案也肯定是从纸张的制作角度去研究,它们绝对不会从档案学的角度去研究,因此,研究对象绝对不会交叉。其次,蒋文认为程文是以档案学全部内容替代了档案学的研究对象,但事实上程文是从各课目的研究对象中抽象出了档案学的研究对象,并明确表述为"档案文件活动的客观过程"。最后,蒋文对于档案学研究对象的抽象和概括,并认为文书学不是档案学的分支学科,都是基于当时认为"档案工作是一项历史科学工作""档案学是一门历史辅助科目"的认识,因而在其研究对象的

---

① 蒋有恺."关于档案学问题"的几个问题[J].档案工作,1957(4):27-29.

表述中,无论是档案的"特点"还是"规律"都蕴含着"历史"的因素。正如其在文中所说,档案工作"与其他历史科学工作一样,都是在做着揭示事物发展的历史规律的工作","但是,档案工作又是通过档案本身所特有的特点和规律来揭示历史,而区别于其他历史科学工作的一项专门事业"。目前,档案学早已脱离了历史学而成为一门独立的科学,此说的立论基础已不复存在。

3."文革"结束后,随着档案学研究的复苏,档案学研究对象的问题再次被提了出来。1981 年吴宝康教授在《三十年来我国档案学的研究及其今后发展》[①](以下简称吴文)指出,档案学作为一门独立的学科,应该有它的研究对象。"档案学就是以档案和档案工作这一现象领域内所特有的某一种矛盾及其规律为研究对象的",并认为文书学也是"档案学这一独立学科中的科学科目之一"。显然,吴文在表述档案学研究对象时只是界定了档案学的研究领域("档案和档案工作这一现象")而并没有具体揭示出研究对象(只是表述为档案和档案工作现象领域内"所特有的某一种矛盾及其规律")。也许吴老自己也认识到了这个问题,因而在 1986 年的《档案学理论与历史初探》(以下简称吴著)中,就将档案学研究对象明确表述为"研究档案和档案工作领域内有关档案的科学管理和提供利用的客观规律以及档案工作的历史发展规律"[②]。但是,吴著又在对档案学各门科目(《档案学理论与历史》《档案管理学》《文书学》《档案文献编纂学》《中国档案事业发展史》《外国档案事业发展史》《科技档案管理学》《影片、照片、录音、录像档案管理》《档案保

①　吴宝康.三十年来我国档案学的研究及其今后发展[J].档案学通讯,1981
　　(2):3—18.
②　吴宝康.档案学理论与历史初探[M].成都:四川科学技术出版社,1986:104.

护技术学》)的研究对象和研究内容作了介绍,认为如此更有利于把握"整个档案学的研究对象和任务",即"档案学就是研究档案和档案工作出现于人类社会后的整个活动领域的客观全过程的"。①显然,吴老对程文的观点作了修正,将"狭义的文件"排除在了"档案学的研究对象和任务"之外(但既然文书学也是档案学的分支学科,那么此处的这种修正有点令人费解)。但此处由于吴老不像程文那样明确表述为"研究对象",而是表述为"研究对象和任务",所以其实表达并不清楚,因为如果把这也看成是研究对象的抽象和概括,则与吴著中有关档案学研究对象的表述明显是两种不同的含义。

到了 1988 年,吴老在其主编的《档案学概论》教材中对于档案学的研究对象又有了新的表述。"档案和档案工作是档案学的研究对象"②,并对档案学的研究任务和研究范围作了界定。同时,对于档案学与文书学的关系问题,也是采取了多种观点并存,并表述为"档案学与文书学是关系最为密切的'姊妹学科'"③,不再单一强调文书学是档案学的分支学科。至此,由于吴老的学术影响和作为第一部档案学概论教材的巨大影响,档案学的研究对象是档案和档案工作的观点成为当时最具影响的学术观点。

4.随着档案工作实践的日益丰富和档案学研究的日益深入,在 20 世纪 90 年代有关档案学研究对象的问题开始出现了新的观点。如"档案学研究的对象由以往的档案、档案工作,扩展到档案

---

① 吴宝康.档案学理论与历史初探[M].成都:四川科学技术出版社,1986:110.
② 吴宝康.档案学概论[M].北京:中国人民大学出版社,1988:232.
③ 吴宝康.档案学概论[M].北京:中国人民大学出版社,1988:247.

事业。"①"如果文书学属于档案学的分支学科,那么,文书学的研究对象必然被包容于档案学的研究对象之中。而在事实上,档案学的研究对象是档案现象及其本质规律,文书学的研究对象是文书现象及其本质规律,二者可谓泾渭分明。"②这些观点最终被融合纳入冯惠玲、张辑哲主编的《档案学概论》教材,认为:"档案学不仅要研究档案和档案工作,而且要研究档案学自身的有关问题,还要研究其他相关方面、相关领域的问题。所以,档案学的研究对象应界定得更抽象更简洁一些,即档案现象及其本质与规律。"不过,此教材显得不够严谨的方面是:对于档案学研究对象还有其他的表述,如"档案学是以档案现象为研究对象,以揭示档案现象的本质和规律为目标的一门综合性学科。""档案学的研究对象,实质上也都是档案现象及其运动规律。"③如此,就会产生疑问,即档案学的研究对象到底是"档案现象"还是"档案现象及其本质与规律"或"档案现象及其运动规律"。即便在修订后的《档案学概论》教材中对此也是全盘继承未作任何改动。④ 当然,如此界定的前提是:文书学已不再是档案学的分支,而只是与档案学密切相关的姊妹学科。由于这两部教材是继吴老之后直至目前最具影响力的,因此,档案学的研究对象是档案现象及其本质和规律的认识成了目前主流的观点。

　　5.随着电子文件的大量产生,新的管理理念、管理方法、管理

---

①　冯子直,刘国能.档案干部继续教育电视讲座[M].北京:中央广播电视大学出版社,1992:486.

②　陈永生.档案学论衡[M].北京:中国档案出版社,1994:48.

③　冯惠玲,张辑哲.档案学概论[M].北京:中国人民大学出版社,2001:165－167.

④　冯惠玲,张辑哲.档案学概论(第二版)[M].北京:中国人民大学出版社,2006:191－193.

手段和管理理论不断涌现,基于前端控制、全程管理思想的文档一体化管理的实践日益成熟,文档之间的界限越来越模糊,文书学和档案学的整合趋势又日益明显①,因此不少学者提出档案学的研究对象要扩大至文件现象。

徐拥军认为,将"'文件现象'排除在档案学的研究对象之外,将文书学(文件学)排除在档案学的学科体系之外,与档案工作实践发展趋势和档案学研究现状十分不相符"②。并认为应借鉴"西方档案学者将档案学研究对象扩大至广义的文件现象"③。

胡鸿杰在《中国档案学理念与模式》一书中,提及档案学研究对象时尽管没用"档案现象的本质与规律"④的通用说法,但在界定档案学逻辑起点时则将文件——档案统一置于整体管理活动之中,认为"中国档案学是一门以管理的基本方式——文件的归宿为逻辑起点的学科"⑤,为避免误解,后来更是明确表达为"中国档案学正是一门以管理因素——文件为逻辑起点,研究管理方式、管理程序和管理资源的学科"⑥。由于"档案实际上只是文件在特定状态下的'表现形式',档案的一些基本属性不过是对文件属性的一种'继承'。随着管理活动方式和手段的日趋现代化,文件与'档

---

① 这种融合不是重新将文书学作为档案学的分支,也不是文书学和档案学的简单合并。这种整合后的学科有人称之为"文书档案学",也有人称为"文件与档案学",但笔者在此仍称之为"档案学",一则尊重文书学曾经是档案学分支学科的历史事实,二则也符合社会大众的传统认知。

② 徐拥军. 对档案学研究对象、文书学和档案学关系的反思[J]. 档案学通讯,2003(4):22-25.

③ 徐拥军. 西方档案学对中国档案学的借鉴意义[J]. 档案学通讯,2005(2):19-22.

④ 胡鸿杰. 中国档案学的理念与模式[M]. 北京:中国人民大学出版社,2005:253.

⑤ 胡鸿杰. 中国档案学的理念与模式[M]. 北京:中国人民大学出版社,2005:27.

⑥ 胡鸿杰. 再论中国档案学的逻辑起点[J]. 档案学通讯,2013(4):9-12.

案'的差别将会越来越小。因此,如果脱离开档案同文件之间的'联系',档案学的理论就可能成为无源之水、无本之木"①,文件既然是档案学的逻辑起点,自然也就纳入了档案学的研究对象之中。

钟其炎认为:"档案学应该关注文件的整个运动过程,可以采用广义文件观,把原来狭义的文件和档案都纳入档案学的研究范围,不局限于非现行阶段的文件。档案学的研究对象可以表述为:文件及其本质规律。其中文件是指广义的文件,即把贯穿于从形成到销毁或永久保存的整个过程中的全部记录材料统称为文件。"②

6. 信息化的快速发展,出现了图书馆学、情报学、档案学三学科进一步融合的趋势,为确保学科的独立性,促使有些学者从信息化时代三学科之间的关系去界定各自的研究对象。刘家真、廖茹认为,"从对信息的整理与服务的角度看,图书馆学、情报学与档案学是紧密相关的学科,在知识组织与信息服务的层面上,这三个学科的研究正在扩大与趋同。""档案学区别于其相关学科的,能够体现出其本质特征的学科研究对象是:信息资源的档案化管理与人类记忆的长期保存。"③

金勇胜、李雪叶、王剑宏则认为:"图书馆学的研究对象是面向信息检索的信息组织,情报学的研究对象是基于信息组织的信息开发,档案学的研究对象是面向信息利用的信息保存,三学科的研究对象是各自独立,但又相互联系的。"④

显然,档案是一种信息,这是档案一般属性的一种表现。档案

---

①　胡鸿杰.中国档案学的理念与模式[M].北京:中国人民大学出版社,2005:24.

②　钟其炎.反思档案学研究对象[J].浙江档案,2008(6):16－18.

③　刘家真,廖茹.档案学的本质特征与可持续发展[J].档案学研究,2010(6):4－8.

④　金勇胜,李雪叶,王剑宏.图书馆学情报学档案学:研究对象与学科关系[J].中国图书馆学报,2011,37(6):11－16.

信息可以成为档案信息学这一档案学分支学科的研究对象,但不等于信息就是档案学整个学科的研究对象。否则,这三学科的研究对象又如何与信息学相区别呢?① 同样,知识也是档案的一般属性,那么知识是否也可成为三学科的研究对象呢? 再比如,图书馆学、博物馆学、档案学三学科"研究对象的交集——文献"②,是否也可成为这三个学科各自的研究对象呢? 学科研究内容的交集,在当今学科特别是相关学科之间日趋融合的背景下,是一种十分正常的现象。但研究内容的这种交集,并不等于研究对象的等同。如果认为,"将档案学的研究对象定位为信息,不但对档案工作的客体有更准确的表达,而且能够将档案学的研究对象同图书馆学、情报学的研究对象有机地联系起来"③,那么,是否将档案学与其他密切相关的学科如历史学、管理学、秘书学等联系起来时就会有新的研究对象的观点产生。因此,不可将不同学科研究内容的交集当成是不同学科之间研究对象的交集,否则这些学科都将丧失学科的独立性,而成为某一上位学科的下位分支学科。

通过从历史的过程考察分析档案学研究对象认定的各种观点,说明在一门学科的研究领域内,研究对象的认定会随着时代的发展和所考察问题的变化而不断变化,并不存在一个一劳永逸的、静止不变的定论。

---

① 一般认为,信息学是研究信息的获取、处理、传递和利用的规律性的一门新兴学科。信息学是以信息为研究对象,以计算机等技术为研究工具,以扩展人类的信息功能为主要目标的一门综合性学科。
② 肖希明,唐义. 图书馆学博物馆学档案学课程体系整合初探[J]. 中国图书馆学报,2014,40(3):4-12.
③ 金勇胜,李雪叶,王剑宏. 图书馆学情报学档案学:研究对象与学科关系[J]. 中国图书馆学报,2011,37(6):11-16.

第三节　"文件现象及其运动规律"是档案学的研究对象

　　档案学研究对象虽然多种观点并存,但从目前来看,主要还是集中在"档案现象说"与"文件现象说"之争上。

　　其实,笔者是认同传统档案学研究对象"档案现象说"的,但随着文书学和档案学的日趋整合,整合后的档案学研究对象则应采用"文件现象说"。

　　1.从文件(狭义的)和档案的关系来看,它们是同一事物的不同阶段,尽管我们承认两者之间有密切的联系,但在实际工作中,由于文书工作和档案工作分别管理的体制,事实上我们更关注的是两者之间的区别。不过随着文档一体化管理实践的进一步推进,特别是电子文件的大量涌现,迫切需要我们对文件运动全过程进行全面控制和管理,因而需要从整体上把握和研究文件运动的规律。这就促使了文书学和档案学的整合,将"文件(狭义的)"纳入档案学研究对象之中既是客观实际工作的需要,也是档案学学科进一步发展的需要。

　　2.从目前档案学研究的实际状况来看,档案学者从20世纪90年代以来,一直重视对文件运动规律的整体研究,文件(特别是电子文件)管理理论和实践的研究已成为档案学研究的热点和重点。如果"文件"不是档案学的研究对象,则对学界的这种研究状况是很难理解的。

　　3.从中国档案学与世界接轨来看,"文件管理理论与实践已融入西方现代档案学,研究范围从档案管理理论与实践,扩大到了文件管理。外国档案学者已把文件和档案、文件管理和档案管理看作是一个统一而又阶段分明的系统工程"①,"西方档案学的研究对象是广义的文件(包括档案)现象"②,西方档案学者在广义文件观的基础上对文件运动过程进行整体的研究,产生了作为现代档案学理论基础的文件生命周期理论,而我国档案学者因在狭义文件观的基础上只形成了档案自然形成规律理论。正因为文件生命周期理论研究的角度更全面更系统,所以在引入我国后才得以迅速流传。可见,将"文件"纳入档案学的研究对象也是我国档案学与世界接轨的需要。

整合后的档案学,具体的研究对象会因研究内容范围的不同会有不同程度的抽象和概括,如"文件""文件管理""档案""档案工作""档案事业""档案学(整合后的)"及它们的"有关本质与规律"等,但从整个学科的角度来看,档案学的研究对象可以终极抽象和概括为"文件(广义的,包括档案)现象及其运动规律"。

将档案学的研究对象表述为"文件(广义的,包括档案)现象及其运动规律",主要是由于科学研究不仅要研究事物现象本身,更要透过现象去揭示事物的本质和规律。因而笔者曾经认为整合后的档案学"是系统研究文件(广义的,包括档案)现象及其本质规律的学科"③,但现在觉得这个表述还不是十分精确。因为,任何一门科学都要研究客观事物和客观事物的运动规律,且只有上升到研究一种客观事物的运动规律才能称之为一门科学。正如恩格斯在《自然辩证法》中所说:"运动,就最一般的意义来说,就它被理解为

① 韩玉梅.外国现代档案管理教程[M].北京:中国人民大学出版社,1995:2—3.
② 徐拥军.西方档案学对中国档案学的借鉴意义[J].档案学通讯,2005(2):19—22.
③ 潘连根.文件与档案研究[M].合肥:安徽大学出版社,2007:4.

存在的方式、被理解为物质的固有属性来说,它包括宇宙中发生的一切变化和过程,从单纯的位置移动起直到思维。"①物质及其运动的客观性决定了物质运动规律的客观性。如物理学要研究物体的运动规律,化学要研究物质性质变化(运动)规律等。科学研究的对象只能是某一客观事物及该事物的运动规律。因此,笔者现将整合后的档案学研究对象从哲学的高度抽象和概括为"文件(广义的,包括档案)现象及其运动规律"。当然,如果广义的文件概念能成为共识的话,则可直接表述为"文件现象及其运动规律"。

① 马克思恩格斯选集(第三卷)[M].北京:人民出版社,1972:491.

第三章　档案学学科性质、类型及归属之研究

　　档案学①的学科性质,作为档案学自身的一个重要问题,从档案学脱离历史学辅助科目成为一门独立的学科以来,就对此进行了研究,但至今仍存在诸多分歧,并未达成共识。关于档案学学科的性质,目前主要的观点有:

　　1."社会科学说",认为档案学是或者基本上是一门社会科学。

　　2."应用科学说",认为档案学是一门应用科学。

　　3."管理科学说",认为档案学属于管理科学,是管理学的一门分支学科。

　　4."综合科学说",认为档案学是兼有社会科学、自然科学、技术科学性质的综合性科学。

　　5."交叉科学或边缘科学说",认为档案学是属于自然科学和

---

① 为便于理解,从本章开始,如未做特殊说明,档案学皆指目前一般所称的档案学,而非指笔者在前两章中所说的文书学和档案学整合后之档案学。

社会科学之间的交叉科学或边缘科学。[①]

　　这一方面表明档案学尚处于发展、提高和完善之中，另一方面也意味着这一问题的研究对于我们正确把握档案学在科学领域内的定位具有重要意义。

　　档案学界对档案学学科性质的研究之所以不能达成共识，除了受人们对档案学自身认识水平的制约外，对档案学的学科性质、学科类型及学科归属三者认识上的混淆不分也是一个重要原因（档案学界目前都笼统称之为档案学的"学科性质"）。具体地说，一是将学科性质混同于学科类型，如"社会科学说""综合科学说""交叉科学或边缘科学说"；二是将学科性质混同于学科层次，如"应用科学说"；三是将学科性质混同于学科归属，如"管理科学说"。因此，对档案学的学科性质、类型及归属这三个方面进行严格的区分，是进行研究并可望在有关方面达成共识的一个基本前提。

第一节　档案学的学科性质

　　研究一门学科的性质，应该把握其基本属性，也就是它区别于其他学科的最本质的属性。

　　毛泽东同志在《矛盾论》一文中指出："任何运动形式，其内部都包含着本身特殊的矛盾。这种特殊的矛盾，就构成一事物区别

---

① 可参看任遵圣的《试论档案学的科学性质》（《档案与建设》1988年第1期），陈智为的《关于档案学的性质和研究对象》（《内蒙古档案》1991年第4期），肖文建、张兰芳的《关于档案学性质的一点认识》（《湖南省档案学会第五次学术讨论会论文选编》）以及陈永生的《档案学论衡》（中国档案出版社，1994年）第二章"档案学的学科属性与学科体系"。

于他事物的特殊的本质。""科学研究的区分,就是根据科学对象所具有的特殊的矛盾性。因此,对于某一现象的领域所特有的某一种矛盾的研究,就构成某一门科学的对象。"①根据这一观点,笔者认同档案学的研究对象②就是"档案现象及其本质与规律"③。因为档案学研究的具体内容,如档案、档案工作、档案事业乃至档案学自身都是由档案这一终极现象的存在而引发、派生出来的,而且一门学科的研究内容与研究对象不能相互混淆,学科的研究内容不能都作为本门学科的研究对象。说到底,"档案学的研究就是要通过对各种档案现象的深入研究,发现隐藏在其背后的本质和规律"④。因此,在概括表述档案学研究的对象时,只需保留终极的档案现象即可,当然还要透过这一现象去揭示档案的运动规律。

由于一门学科的性质通常是由该学科的研究对象的性质决定的,档案学的研究对象是档案现象及其运动规律,这是档案学区别于其他学科而成为一门独立学科的根本标志。因此,档案学的学科性质可以界定为:档案学是一门研究档案现象及其运动规律的学科。

---

① 毛泽东著作选读(上册)[M].北京:人民出版社,1986:148.
② 尽管依据笔者的研究,认为整合后的档案学研究对象是"文件现象及其运动规律",但这毕竟是个人的观点,是否正确有待检验。为了使自己的研究建立在更能为大家理解和接受的基础上,在未特别指明的情况下,本书以后所说的档案学皆指现在传统的档案学。
③ 冯惠玲,张辑哲.档案学概论(第二版)[M].北京:中国人民大学出版社,2006:193.
④ 冯惠玲,张辑哲.档案学概论(第二版)[M].北京:中国人民大学出版社,2006:193.

第二节　档案学的学科类型

学科的类型也就是学科的分类，而学科的分类问题，实质上又是一个对学科结构的认识问题。

在人类学科结构认识史上，已形成了十多种具有代表性的学科划分理论。其中，群体学科划分理论和综合式学科划分理论是当代比较流行的两种理论，也与目前档案学界对档案学学科类型的研究最为切合。

群体学科划分理论，把学科群体的概念引入学科分类研究之中，把学科群体既看作核心学科和相关学科的内在组合，又看作整个学科王国正在演变中的新的有机结构形式。从目前看，群体学科的具体分类方法并不统一。如联合国教科文组织把学科群体划分为：(1)自然科学；(2)工程技术；(3)医药科学；(4)农业科学；(5)社会科学和人文科学(人文科学包括艺术、文学、史学、宗教学以及其他相关学科)。又如我国著名科学家钱学森把现代科学技术体系分为九大学科群，即自然科学、社会科学、数学科学、系统科学、思维科学、人体科学、文艺理论、军事科学和行为科学；除了文艺理论(文艺工作者的实践是艺术和技巧，不是现代含义的科学)，又可分为基础科学、技术科学(应用科学)、工程技术三个层次；从这三个层次过渡、上升到人类知识的最高概括马克思主义哲学。显然，从群体学科划分的角度看，档案学尽然归于社会科学群体，因为档案学所研究的特定对象——档案现象，归根到底是一种社会现象，只要这一点不变，其社会科学的属性是不会变的。当然，档案学属于社会科学中的应用科学层次。档案学的"应用科学说"是有问题的，它将学科层次(递进的)混同于学科类型(并列的)，这是不妥的。档案学从群体学科的角度看,它是一门社会科学。

综合式学科划分理论的分类依据是对学科体系进行整体考察、综合审视,以顺应当代科学技术系统综合、宏观整合的大趋势。大部分综合式学科划分理论探索者把学科体系分成综合学科、横向学科、交叉学科(亦称边缘学科)和分支学科。

综合学科汇集社会科学、自然科学和技术科学的学科知识,综合多学科的理论、方法,对以某种主题为对象的事物进行系统综合研究,揭示其运动规律。生态学和环境科学等都是典型的综合学科。综合性学科的形成,主要是通过对某一复杂的客观现象或问题进行社会科学、自然科学乃至技术科学中多学科角度的研究而产生的。比如环境科学就是运用地学、物理学、化学、生物学、医学、法学、伦理学、经济学、管理学、社会学、教育学、运筹学、工程学等学科的理论、方法和技术手段来研究人与环境的相互关系、相互作用规律的一门综合性学科。可见,综合性学科的生长点是综合性的复杂现象或问题,而且这种现象或问题既涉及自然因素又涉及社会因素,如生态问题、环境问题、人口问题、城市问题、能源问题等,对于这些问题的研究,必须运用多门自然科学和社会科学乃至技术科学的知识,故而生态学、环境科学、人口科学、城市科学、能源科学等都是综合学科。而作为档案学研究对象的档案现象,可以说是一种较为复杂的客观现象。有些学者认为,档案学研究需要运用社会科学、自然科学乃至技术科学的有关理论和方法,因而认定档案学是一门综合性学科。如任遵圣就坚持认为"现代档案学应该是属于综合性的科学"①。但必须注意:(1)档案现象毕竟是一种社会现象,它虽然也涉及一些自然因素(如档案载体的理化

---

① 任遵圣.试论档案学的科学性质[J].档案与建设,1988(1):11—14.

因素),但更多涉及的是社会因素,因而档案学的研究虽也要运用一些自然科学乃至技术科学的理论和方法,但主要还是大量应用相关社会科学的理论和方法。(2)自然科学技术向社会科学的渗透是现代科学发展的一大趋势。档案学也一样,在接受社会科学其他学科的渗透的同时,也要接受自然科学技术的渗透,这种渗透虽对档案学的研究和发展有一定的促进作用,但并不能从根本上改变档案学固有的社会科学属性。这正如已故著名考古学家夏鼐先生早就指出的,"在社会科学的各学科中,考古学是最能利用自然科学方法的,"但"考古学终究是一门社会科学,它可以也应该尽量利用自然科学的方法,但它的研究对象毕竟是社会现象,毕竟是关于阶级斗争、生产斗争和科学实验的人类行为的遗留"[①]。(3)综合学科是由社会科学、自然科学乃至技术科学中多门学科联合而形成的,而档案学是由于有了独立的研究对象而从单一的历史科学的辅助科目中独立出来的,并不符合综合学科的构成条件。因此,档案学的"综合科学说"实是为档案学研究中运用自然科学技术的表面现象迷惑所致。

横向学科(或称横断学科)是指撇开各种事物、现象、过程的具体内容,用抽象的方法研究它们某一共同的规定性或规律而形成的学科。系统论、信息论、控制论等就是这样的一类学科。档案学显然不属于横向学科。

交叉学科(亦称边缘学科),是指两门或两门以上的学科通过相互作用、相互融合而形成的学科。其作用和结合的方式有两种:(1)在发生作用的各学科(原学科)的边缘地带,产生一门新兴学科,这门新兴学科带有原学科各方的某种属性。例如,历史地理学

[①] 夏鼐.三十年来的中国考古学[J].考古,1979(5):385-392.

就是在历史学和地理学的边缘地带产生出的交叉学科,它既属于地理学,又与历史学相关,但由于它的研究对象、研究内容、研究方法偏重于地理学,故通常仍把它划归为地理学分支学科。(2)用一门或两门学科的理论和方法,去研究另一门学科的问题,由此产生出一门新兴学科。这种交叉学科的特点是,研究对象属于某一门原学科。例如,生物化学就是用化学原理和方法去研究生命现象的交叉学科,它的研究对象——生命现象属于生物学,故它仍属于生物学的分支学科。那么档案学是不是一门交叉学科(或边缘学科)呢?已故著名档案学家吴宝康先生曾经认为:"现在有人提出档案学基本上仍是社会科学,但从其发展来看,还应是属于社会科学和自然科学之间的边缘学科或综合性学科的观点。我就是持有这种观点的。""我们认为现在的档案学就其整体来说,一方面,它基本上属于社会科学;另一方面,它也是社会科学和自然科学之间的边缘科学。这就是档案学发展到今天的一个新特点。"[1]笔者对此不敢认同。如果说档案学是交叉学科,则必须是两门或两门以上学科交叉而形成的,然而从档案学的产生和发展的历史中根本无法找出这种事实来。当然,在档案学内部或者在档案学与其他学科之间产生交叉是有可能的,如在条件成熟时,可以形成档案社会学、档案文化学、档案经济学、档案法学、档案人才学、档案教育学等交叉学科,但它们只是档案学内部的分支学科。档案学内部产生交叉学科的可能和事实并不能说明档案学本身也是交叉学科,这就像历史地理学和生物化学是交叉学科,而不能说历史学、地理学和生物学也是交叉学科一样。因为档案学内部某些分支学科的交叉性或边缘性并不等同于档案学自身的交叉性或边缘性,

---

① 吴宝康.档案学理论与历史初探[M].成都:四川科学技术出版社,1986:114,115.

而档案学的"交叉科学或边缘科学说"的错误之处在于将两者等同起来（而且对交叉学科或边缘学科的理解也有错误）。

分支学科是当代学科高度综合与分化的必然产物，一大批学科依枝而长，衍生分化，把原有学科的研究引向深入，甚至另辟蹊径，柳暗花明。随着档案学研究领域的扩大和研究内容的深化，档案学的分支学科会越来越多，现已形成一个较为完善的档案学自身的学科体系。然而，档案学自身是某一学科的分支学科吗？我们知道，档案学是作为历史学的辅助科目产生发展起来的，但时至今日，它早已成为一门独立的学科，脱离历史学，它并不从属任何一门学科。档案学的"管理科学说"将档案学归属于管理学科，亦即认为它是管理学的一门分支学科，这与档案学的"学科独立性"是相矛盾的，除非不承认档案学是一门独立学科。

行文至此，也许有人会有疑问，档案学在综合式学科划分出来的学科体系中怎么会找不到自己的位置？只要不把这种划分出来的学科体系等同于人类所有学科的体系就能明了这一点。因为综合式学科划分理论是为了打破社会科学、自然科学和技术科学之间的学科壁垒，使一大批在传统学科分类结构中难于安家的学科在新的分类体系中落户，以及时反映当代学科系统综合、横向贯通、交叉渗透、依枝衍生的新趋向。可见，它是对传统学科划分理论在学科发展日趋复杂情况下的一种补充、发展和完善，并不是与之对立。如历史学在其中就找不到自己的位置，它既不是综合学科、交叉学科（边缘学科），也不是横向学科、分支学科。档案学也是如此，它既然能在传统学科分类结构中找到自身的位置，又何必硬往综合式划分出来的学科体系中去挤占一个本不属于自己的位置。可见，档案学的"综合科学说""交叉科学或边缘科学说"以及"管理科学说"的错误根源，在于对综合式学科划分出来的体系理解有误,将它等同于人类全部学科知识的体系,然后硬将本不属于这个学科体系的档案学放在其中去找它的"位置",这实在是太为难了。

第三节　档案学的学科归属

学科归属就是确定该学科与其相关学科的从属关系,亦即该学科是哪一门学科的分支学科。可见,学科归属问题的研究是以确认该学科是一门分支学科为前提的。然而,凡是一门独立的学科如历史学、物理学、经济学、政治学等并没有它所属的上位学科。(虽然它可以归于某一学科群体,但这已是另一回事。)当然,作为一门独立的学科,往往有其自身的下位学科(分支学科),它们可以只有一层也可以有几层,这取决于该学科的发展程度。时至今日,档案学早已成为了一门独立的学科,有其自身较为完善的学科体系,这已是不争的事实。因此,档案学的学科归属问题,从一开始就步入了歧途,因为档案学根本不存在归属某一学科的问题(除非档案学不是一门独立学科)。对于独立学科而言,只能研究它的学科群体的归属问题,不能研究它的学科归属问题。档案学显然属于社会科学群体,即档案学是社会科学中一门独立的学科。

值得一提的是,档案学的"管理科学说"可能还与目前档案学专业在高校的设置和学位授予有关,因为目前设置档案学专业的高校往往将该专业放在相关的管理学院并授予管理学学位。我们知道,我国高等学校本科教育专业设置是按"学科门类""专业类""专业"三个层次来设置,即一个学科门类下面设置若干专业类,一个专业类下面设置若干专业。目前最新的《普通高等学校本科专业目录(2012年)》共分设哲学、经济学、法学、教育学、文学、历史学、理学、工学、农学、医学、管理学、艺术学 12 个学科门类,而"档案学"专业就设在"管理学"门类下的"图书情报与档案管理类"专业类中。这似乎为档案学的"管理科学说"找到了一个十分充足的理由。但笔者认为,《本科专业目录》只是规定专业划分、名称及所属门类,是设置和调整专业、实施人才培养、安排招生、授予学位、指导就业,进行教育统计和人才需求预测等工作的重要依据,它并不是真正意义上的学科分类。有意思的是,让我们同时来看看《中华人民共和国学科分类与代码国家标准》(GB/T 13745—2009),就会发现,《学科分类与代码》共设有 5 个门类、62 个一级学科或学科群、676 个二级学科或学科群、2382 个三级学科。这 5 个门类是"自然科学、农业科学、医药科学、工程与技术科学、人文与社会科学",其中一级学科的"管理学"是放在"工程与技术学科"门类中,一级学科"图书馆、情报与文献学"却放在"人文与社会科学"门类中,而作为二级学科的"档案学"又在一级学科"图书馆、情报与文献学"之中。显然,在这儿"档案学"与"管理学"完全不在同一学科门类中,正如标准中特别指出的:"本标准的分类对象是学科,不同于专业和行业。本标准的分类不能代替文献、情报、图书分类及学术上的各种观点。"故而从学科归类上看档案学的"管理科学说"是不成立的。事实上,即使"档案学研究领域中的一些分支学科实际上带有明显的管理科学的性质。但是,我们不能在档案学和管理科学之间画等号"①,也不能由此推导出档案学是管理学的分支学科。

　　细究一下,档案学到底是人文科学还是社会科学?一般认为,

---

① 冯惠玲,张辑哲.档案学概论(第二版)[M].北京:中国人民大学出版社,2006:211.

人文科学研究的是人的观念、精神、情感和价值，是"人"的精神世界及其所积淀下来的文化；人文科学的价值不在于提供物质财富和实用技术，而在于为人类提供一个意义的世界，守护一个精神的家园，使人类的心灵有所安顿、有所依归。而社会科学研究的是"社会"——一种外在于具体个人的人类社会，各种社会科学如经济学、政治学、法学等，都是从各自不同的角度对人类社会进行分门别类的或整体的考察，以获得人类社会运行与发展的系统知识和理论，从而有助于人类更有效地管理社会。由于档案作为一种广泛而普遍的社会现象，与社会有着密不可分的有机联系，正如张辑哲先生所言，"档案这种普遍存在的社会事物，像其他具有普遍性的社会事物一样，在社会生活中有其独特的意义、作用与价值，扮演着特定的社会角色，并表现出与众不同的性质与特点。""档案的社会意义——维系人类社会时空统一性与整体性的重要媒体和纽带"。① 显然，作为社会科学的档案学，就是要以其自身特有的角度对社会存在的"档案现象"进行系统的考察研究，掌握其本质与规律，从而使档案能在社会生活中发挥广泛而普遍的重要作用。当然，由于人文科学与社会科学之间的关系十分复杂，好多社会科学如历史学、法学等从研究对象看属于社会科学，但从研究的主旨和研究方法看更属于人文科学，因此不少社会科学往往兼有人文科学与社会科学的双重属性。正因为很多人文与社会科学中的具体学科到底是人文科学还是社会科学都存在着争议，所以现在更经常地把两者合在一起，称之为人文社会科学。至于档案学，目前还没人把它看成是人文科学的，所以说它是一门社会科学应该不会有什么问题。

---

① 张辑哲.维系之道——档案与档案管理[M].北京：中国档案出版社，1995：3，40.

　　经过以上分析,我们不难得出如下结论:档案学是一门研究档案现象及其运动规律的学科(学科性质);档案学属于社会科学范畴(学科类型);档案学是一门独立的学科(学科归属)。也可综合表述为:档案学是一门研究档案现象及其运动规律的独立的社会科学。

第四章　档案学学科体系之研究

学科体系是否完整与严密,这是衡量学科发展程度的重要标志。由于学科体系是学科内容的整理和表达形式,具有一定的层次结构,因而研究学科体系的内在结构,不仅可以从整体上促进学科的进一步发展,而且能明确有关分支学科的产生及其发展方向,从而使学科体系更为完善。档案学作为一门独立的学科,早已具有了自己的学科体系。研究档案学的学科体系问题,这是档案学发展一定阶段后学科自身建设必然要面对的一个重要课题。

第一节　档案学学科体系的研究现状

自从档案学成为一门独立学科以来,档案学界对档案学的学科体系问题进行了积极的探索研究,提出了众多的观点,至今依然没有定论。

在 20 世纪 80—90 年代,有关档案学学科体系的观点主要有以下几种①。

---

① 冯子直,刘国能.档案干部继续教育电视讲座[M].北京:中央广播电视大学出版社,1992:495.

1."两分法"。认为档案学可分为理论档案学和应用档案学两部分。

2."三分法"。认为档案学可分为理论档案学、部门档案学(或档案管理学)和应用档案学;或者分为理论档案学、技术档案学和应用档案学;或者分为基础理论、档案事业管理学和档案管理学;或者分为基础理论、基本方法和基本知识三部分。

3."四分法"。认为档案学可分为档案行政学、档案馆学、基础档案学和档案干部教育学四部分。

4."五分法"。认为档案学可分为理论档案学、应用档案学、技术档案学、管理档案学、教育档案学五部分。

5."六分法"。认为档案学可分为理论档案学、应用档案学、史料档案(或档案史料)学、档案历史学、档案技术学和档案法规学(或档案法学)六部分。

6."七分法"。认为档案学可分为基础理论、档案、档案事业、档案学的发展史、档案事业(档案行政)管理学、档案管理学、档案人才学、档案利用与效益学、外国档案工作研究七部分。

7."并列法"。认为档案学可分为档案管理学、科技档案管理学、档案文献编纂学、中国档案史、世界档案史等一一单列,没有中间层次,直接设计出档案学科或档案知识体系的内容。

进入21世纪以来,在原有研究成果的基础上,学界又提出了不少新的观点。

1.作为21世纪档案学教材的《档案学概论》认为,档案学的学科体系可分成档案学基础理论研究、档案史学研究、档案学应用理论研究、档案应用技术研究、档案学与其他学科之间的交叉与边缘性研究五个部类①。

2.档案学体系结构主要由档案学基础理论、档案学应用理论、档案学应用技术和档案学史学构成②。

3.档案学的理论体系与档案学学科体系是两个不同的概念。档案学理论体系主要包括档案学基础理论和档案学应用理论。档案学学科体系,从研究的角度可分为档案学基础理论研究、档案学应用理论研究、档案学应用技术研究,从分支学科的角度,则分为理论档案学、应用档案学、技术档案学③。

4.档案学学科体系由理论档案学、应用档案学、专门档案学三个大的门类构成④。

上述各种观点,一方面表明档案学作为一门独立学科,其自身学科体系的构建直接关系到档案学的内容以什么样的面貌呈现于学科之林,是档案学者必须面对的问题;另一方面也说明,不同的研究视野以及对于档案学已有的研究现状及未来发展趋势的把握程度不同,会导致不同的学者建构的学科体系的不同。

第二节　档案学学科体系的内涵及构建原则

要研究档案学的学科体系问题,必须对档案学学科体系的内涵有一个清晰的认识。

目前对档案学学科体系内涵的认识,有不同的表述。其中较

---

① 冯惠玲,张辑哲.档案学概论[M].北京:中国人民大学出版社,2001:176−182.
② 吴春梅.论档案学学科体系[J].兰台世界,2006(5):33−34.
③ 朱玉媛.谈谈中国档案学学科体系及档案学理论体系——兼与宗培岭教授商榷[J].档案学通讯,2009(1):7−10.
④ 孙军.谈档案学学科体系的构建[J].档案学研究,2009(2):11−12,64.

具代表性的认识有以下几种。

1."档案学体系,是指档案学内部分支学科构成的有机整体,它的实质是档案学的内部结构,而中心问题是档案学内部各学科分支的划分和归属。"①

2."档案学的体系结构主要应包括档案学的分支学科的构成,档案学的学科分类,以及各门分支学科的研究分工等。"②

3.档案学科体系,"是档案学科的内在逻辑结构及其理论框架,表现为档案学各分支学科的确定以及各分支学科构成的有机联系的整体"③。

但是笔者以为,目前档案学界的上述认识存在着误区,即将档案学的体系结构和结构体系混为一谈。

研究档案学的学科体系,既要充分利用原有的研究基础,更要从档案学的发展入手。从学科发展的角度来看,任何一门学科的演化要经过四大阶段,即准科学——前科学——常规科学——后科学。如果说,准科学和前科学是科学的胚胎与幼年,那么常规科学和后科学则是科学的成年与老年。

我国的档案工作历史悠久,早在商代就有档案工作,但我国的档案学产生比较晚,直到 20 世纪 30 年代才产生形成,而当时的档案学仅是以机关档案工作为研究对象。中华人民共和国成立后,以马列主义为指导思想建立了新档案学。从中华人民共和国成立到党的十一届三中全会以前这段时期,把档案学作为一门科学去

①　陈永生.档案学论衡[M].北京:中国档案出版社,1994:45.
②　冯惠玲,张辑哲.档案学概论(第二版)[M].北京:中国人民大学出版社,2006:198—199.
③　孙军.谈档案学学科体系的构建[J].档案学研究,2009(2):11—12,64.

研究还不够自觉。十一届三中全会以后,研究的自觉性大大提高,档案学才得到了真正的发展。

整个 20 世纪 80—90 年代,我国的档案学处于由前科学向常规科学过渡的时期。因为当时的档案学研究大多是档案工作诸现象的经验描述,虽在现象描述上取得了丰硕成果,形成和积累了相当数量的概念和范畴,但从总体上说,整个档案学的研究,现象描述偏多,理论概括较少,许多方面的问题没有提高到应有的理论高度。即使当时的一些"理论"解释,如对档案定义的界定、档案价值的探讨等等,也是仁者见仁,智者见智,而这正是前科学的重要特征,其根源在于研究者是从各个不同侧面来观察和研究事物的表现效应,故前科学"多数属于表象理论"①。在前科学时期,种种"理论"的争论,是谁也不能取代谁,科学存在的形式乃是"多重态"的科学。只有在失去"多重态"形式,达成统一认识,或达到只有两家共处的局面,前科学时期也就结束了。"因为相对统一的认识,就意味着科学规范的形成。而科学规范的形成,乃是常规科学的标志。"②联系档案学研究的实际来看,进入到 21 世纪以来,通过以前的百花齐放、百家争鸣,不少学术问题(如文件生命周期理论在中国的适用与否,广义文件概念的确立等等)开始达成共识或处在两家共处的过程中。我国的档案学已经成为一门常规科学,档案学研究已由现象描述为主转入理论本质研究的阶段(关于档案学已是一门常规科学,笔者在本书第七章有专门论述)。

档案学成为一门常规科学("常规科学是一种带有某种确定科学规范的学问。它的存在形态基本上是稳定的、高智力、低智熵的

---

① 冯之浚,赵红洲. 现代化与科学学[M]. 北京:知识出版社,1985:69.
② 冯之浚,赵红洲. 现代化与科学学[M]. 北京:知识出版社,1985:69.

知识体系"①），其学科体系也应适应这一变化，要对档案学的学科体系来一个科学的设想，然后去建设档案学，不能像过去那样先研究一门一门的分支学科，再合到一起凑成一个体系。因此，能否从建设学科体系的高度来加强档案学的研究，已成为提高这门学科研究水平的关键。因为学科体系是学科内容的整合和表达形式，没有科学的学科体系，档案学的内容也就难以完整清晰地表达出来。

　　档案学的学科体系，如同其他学科一样，应该是建立在明确的研究对象和研究内容之上的高度抽象，具有独立学科的完整性、统一性和严密性。因为档案学既然作为一门科学而存在，就应当是理论形态的东西，是具体中的抽象，特殊中的一般，是一个完整的知识体系。零散的知识不成为科学，"只有对客观对象有了较为全面的认识，并把握了它们的运动规律，从而使零散的知识形成统一的、系统化了的知识体系，这时才可以称之为科学"②。

　　档案学的学科体系是体系结构和结构体系的有机体。但目前在研究上有一个误区，就是把学科体系等同于结构体系，导致档案学学科体系研究的不完整性，如对档案学学科体系有"两分法""三分法"等认识，实质上都是指的档案学结构体系。事实上，已有学者从不同角度认识到了这一问题，认为"档案学理论体系与档案学学科体系是两个既有联系又有一定区别的概念，不能混为一谈。档案学理论体系属于档案学学科体系的组成部分，是档案学学科体系的核心，也就是说档案学学科体系包含档案学理论体系，但不

① 冯之浚，赵红洲.现代化与科学学[M].北京:知识出版社,1985:69.
② 杨连生.科学学[M].北京:科学技术文献出版社,1988:20.

能等同档案学理论体系"①。尽管笔者对其观点和具体理论体系和学科体系的划分不能完全认同,但至少说明档案学的学科体系不仅仅是一个分支学科构成的问题。

因此,必须在区别档案学的体系结构和结构体系的基础上,形成对档案学学科体系的整体认识。所谓档案学的体系结构,指的是档案学由哪些理论知识单元构成,以及这些理论知识单元如何按照一定的层次结构和逻辑结构组成统一的整体。其结构特点,就是内在的而不是外在的、严密的而不是任意的优化组合。所谓档案学的结构体系,指的是档案学有哪些部分的分支学科,这些部分的分支学科又如何相辅相成,既相互独立,又相互配合,以共同构成档案学学科的整体。前者是研究档案学的理论构成及其构成方式问题,后者是研究档案学学科的分支构成及其相互关系问题。两者的和谐统一,就组成了一个层次分明、逻辑严密、结构完整、门类齐全的有机体,即档案学的学科体系。

在明确档案学体系内涵的基础上,在具体构建档案学学科体系时必须遵循一定的原则。

1. 系统整体的原则。

档案学学科体系是一个理论知识体系和分支学科体系层次结构分明、具有内在逻辑联系的有机整体。因此,在构建档案学学科体系时,必须注意概括提炼的层次清晰,避免重复交叉。

2. 科学简明的原则。

档案学学科体系的构建是一项科学性活动,必须用科学的方法和态度进行研究,同其所同,异其所异,化繁为简,构建一个严谨

① 朱玉媛.谈谈中国档案学学科体系及档案学理论体系——兼与宗培岭教授商榷[J].档案学通讯,2009(1):7-10.

的简明清晰的学科体系。

3.稳定合理的原则。

稳定合理是相对的,但又是必要的。档案学学科体系尽管会随着档案事业的实践和档案学学科自身的发展会不断充实完善,但在档案学学科体系的顶层设计时要具有一定的稳定性,否则当着新的理论知识单元和新的分支学科的产生就会导致对原有模式的冲击,甚至需要重新设计模式。

4.动态开放的原则。

在确保整体模式设计科学合理、相对稳定的基础上,档案学学科体系应具有一定的动态开放性,使档案学学科体系模式具有相对扩充包容的功能,即在新的知识单元、新的分支学科产生之时,都能容纳在原有模式之中。

第三节　档案学的体系结构和结构体系

从档案学研究对象与范围的角度看,主要涉及档案学学科的研究、各种门类档案的管理研究和档案事业实践中对人与组织的研究。因此,档案学的结构体系,应由三大部分即"三论"构成。

1."绪论"部分。它是档案学的总纲部分,其主要成分应包括:(1)档案学的研究对象和任务;(2)档案学的学科性质;(3)档案学的学科体系;(4)档案学的研究方法;(5)档案学的相关学科;(6)我国档案学的发展状况。(本书的内容均可归入其中。)

2."职能论"部分。各级各类的档案馆、室是我国档案事业的主体和基础,它们的职能都是管理档案和提供档案信息为社会实践服务,因此这一部分是档案学的主干部分,其主要成分从传统观点来看应包括:(1)档案的收集;(2)档案的整理;(3)档案的鉴定;

(4)档案的保管;(5)档案的统计;(6)档案的检索;(7)档案的提供利用;(8)档案的编研。若从信息论观点来看,其主要成分应包括:(1)档案信息的输入;(2)档案信息的存贮;(3)档案信息的输出、反馈。"职能论"部分是应用档案学的基础,它影响、制约着应用档案学的发展。

3."管理论"部分。它是档案学的重要组成部分,其主要成分应包括:(1)档案人员的管理,即档案人员的选拔、任用、考核、培训、激励和福利待遇等;(2)档案机构的管理,即我国各级各类档案机构的性质、类型以及设计原则、管理原则等。

档案学的学科结构体系,则既要考虑现有的分支学科的实存状况和基础,也要考虑未来分支学科的产生发展趋势,目前可由理论档案学、应用档案学、技术档案学、历史档案学四大部分构成。

1.理论档案学。它属于基础理论层次,是在较高层次上揭示档案现象及其本质和规律。它是档案学结构体系中抽象性、普遍性(即理论性)较强的一类学科,也是档案学学科体系中的主导学科。它是各分支学科的发展基础,而各分支学科的发展又反过来推动它的发展。其分支大体有:(1)档案学基础理论(档案学概论或档案学导论);(2)档案术语学;(3)档案法规学;(4)比较档案学等。

2.应用档案学。它属于实际应用层次,是在基础理论指导下,对各类档案信息资源的管理、开发、利用工作的理论概括,其中相当一部分是实践经验的积淀和结晶。它是档案学结构体系中针对性和实践性较强的若干分支学科,也是档案学所有学科中内容最丰富、最实用的一类学科。其分支大体有:(1)档案管理学,包括文书档案管理学、科技档案管理学(包含水文档案管理学、气象档案管理学、地震档案管理学……)、专门档案管理学(包含人事档案管理学、财会档案管理学、诉讼档案管理学、外交档案管理学、公安档案管理学、军事档案管理学……)、特殊载体档案管理学(包含声像档案管理学、电子文件/档案管理学);(2)档案文献编纂学,包括普通档案文献编纂学、科技档案文献编纂学等。

3.技术档案学。它属于应用基础层次,是研究各类档案通用性技术的理论。它是档案学结构体系中工具性、技能性较强的一类学科。其分支大体有:(1)档案保护技术学;(2)档案缩微复制技术学;(3)档案计算机管理技术学。

4.历史档案学。建立、发展任何一门学科,仅从理论概括的角度进行探讨是不够的,它还要求从历史发展的角度寻源溯流。它是档案学的结构体系中资料性和规律性较强的一类学科。其分支大体有:(1)档案学史,包括中国档案学史、外国档案学史;(2)档案事业发展史,包括中国档案事业史、外国档案事业史。

档案学的学科结构体系由此四大部分构成,每一部分又可包含若干层次的若干分支学科。随着档案工作实践的日益丰富,不断形成新的分支学科,都能在此结构体系中找到自己的"位置",如在档案保护技术学下随着保护技术工作实践的发展,还可建立档案馆建筑学、档案害虫防治学、档案修复技术学等等,结构体系这种良好的扩展性,有利于档案学在广度和深度上开拓、发展。

第五章　档案学与相关学科关系之研究

在现代科学日益相互渗透、交叉、影响的趋势下,档案学作为一门独立的学科,也必然与其他学科之间存在着一定的关系,如档案学与历史学、文书学、秘书学、社会学、法学、心理学、图书馆学、情报学、管理学等。其中档案学和历史学有渊源关系,档案学和文书学是姊妹学科,档案学和图书馆学、情报学是同宗同源学科,档案学和管理学只是一般相关关系,档案学和社会学、法学、心理学等会产生交叉关系并形成相应的交叉学科。研究档案学与相关学科的关系,有助于不断丰富和发展档案学的理论知识体系,促进档案学学科的发展,也能借鉴其他学科的成果为我所用,推动档案工作实践和档案事业的发展。

第一节　档案学与历史学的关系

从档案学产生过程看,档案学源于历史学。"建国前,曾经实际上存在着档案学是历史学的一门科目的观点。建国后,我们在学习和借鉴外国特别是苏联档案学的知识过程中,也曾接受过档案学是一门辅助科目,属于历史科学。""这种看法反映了档案学是历史科学的发展过程中发展起来的实际的。"①其实,之所以将档案学看成是一门历史学的辅助科目,是与我国传统对档案的认识密切相关的。我国的档案文献产生历史悠久,但"由于历史条件的限制,当时人们对其实质和范围的认识并不清晰,其应用范围也相当狭窄。因此,早期的研究者们更多地把档案称之为'档案史料',从某种意义上说,为编史修志服务是档案价值的主要体现"②。而我国这种高度重视史料的史学传统,也使得档案这种最具原始性和可靠性的史料"在历史研究和话语解释中居于一种霸权地位"③,从而导致档案学产生之初自然而然归属于历史学。但自从 20 世纪80 年代以来,随着我国档案工作逐步发展成为国家的一项专门事业,人们也逐渐摆脱了档案仅仅是一种史料的认识,而更加重视档案的凭证价值和情报价值,档案学研究的内容和范围也越来越深入,形成了一套较为完整的档案管理理论,从而促使档案学从历史学的辅助科目发展成为一门独立的科学。

　　从档案学的发展过程看,历史学对档案学的发展和完善依然具有重要的意义。早期史学家如罗振玉、王国维、梁启超、陈垣、陈寅恪、傅斯年、顾颉刚等在历史档案史料的整理和研究实践中,对有关档案史料的范围、价值、搜集、辨伪、校勘、整理等经验教训进行了总结反思,促进了我国近代档案学思想的产生。而档案学发展到今天,尽管已脱离历史学成为一门独立的学科,但"绝不是意味着否定档案学与历史科学的密切关系"④,档案固有的历史品格

① 吴宝康.档案学理论与历史初探[M].成都:四川科学技术出版社,1986:111.
② 马仁杰,李珍.论档案学与历史学的关系演变[J].档案学通讯,2007(2):19-21.
③ 赵永强.档案:历史话语的霸权、缺失及丰富[J].档案学研究,2005(2):18-23.
④ 吴宝康.档案学理论与历史初探[M].成都:四川科学技术出版社,1986:112.

必须得到尊重。事实上,历史学的研究方法、研究成果等对档案学特别是中国档案史、世界档案史、档案学史等档案专业史的研究具有十分重要的指导意义,同时培养和提升档案工作者的史学素养对于档案(特别是历史档案)信息资源的开发和利用也具有十分重要的内在支撑作用。因此,强调历史学和档案学的密切关系及历史学对档案学的作用,这在当今档案专业人才培养中日益弱化史学素养教育的现实中具有十分重要的意义。

第二节　档案学与文书学、秘书学的关系

档案学与文书学、秘书学的关系,一直是我国档案学界、秘书学界十分关注的问题,且历来颇有争议。如何正确界定这三门学科之间的关系,既有助于研究者在各自的学科研究实践中更好地把握各自的研究范围和研究内容,从而促进各自学科体系的完善,提高学科自身的地位和影响,同时也有助于在档案学专业、秘书学专业的教学实践中解决相关专业课程的设置和归属问题。

一、秘书学界的主要观点及其剖析

由于现代科学相互渗透的趋势日益增强,同时秘书学研究也不能脱离相关科学提供的理论、方法与技术而孤立地向前发展。因此,同秘书学关系密切的许多相关学科便必然向秘书学研究中渗透。

秘书学的相关学科到底有哪些,这在秘书学界至今尚未达成共识。由于笔者长期在秘书专业、汉语言文学专业(文秘方向)从事文书学、档案管理学的教学和研究,对秘书学研究也有一定的兴趣,因而特别关注秘书学界有关秘书学和文书学、档案学相互关系

的研究。现将秘书学界有关该问题的主要观点归纳如下。

1.秘书学和档案学是并列关系,秘书学和文书学是包含关系(即文书学是秘书学的分支学科)。如林巍编著的《秘书工作概论》(档案出版社,1987 年)即持此论。另有丁晓昌、冒志祥主编的《秘书学与秘书工作》(苏州大学出版社,2002 年)认为秘书学包含文书学,但又将秘书学和档案管理学(按其对档案管理学的解释实是指档案学——笔者注)的关系列在交叉关系内,认为两者是密切相关的。

2.文书学和档案学都是秘书学的分支学科。如刘登山、马天民、田中辉编著的《秘书学教程》(中国政法大学出版社,1988 年)、陈天恩著的《当代秘书学教程》(中国政法大学出版社,1997 年)和饶士奇、曾诚主编的《秘书学概论》(湖北科学技术出版社,1997 年)即持此论。

3.文书学是秘书学的分支学科,但档案学并非秘书学的相关学科。如董继超主编的《普通秘书学》(中央广播电视大学出版社,1997 年)即持此论。向国敏编著的《现代秘书学与现代秘书实务》(华东师范大学出版社,1996 年)甚至将文书学具体归到技术秘书学之内。

4.秘书学、文书学、档案学都是独立学科。如史玉峤编著的《现代秘书学》(青岛出版社,2001 年)即持此论,但未对三者的关系予以明确;陈合宜编著的《秘书学》(暨南大学出版社,1994 年)则明确认为文书学、档案学是与秘书学并列的姐妹学科。

综合考察以上各家的论述,笔者认为至少存在以下几个较有普遍性的问题。

1.承认文书学、档案学是独立学科,但又将它们作为秘书学的分支学科,这是自相矛盾的。

2.立论的依据不正确,主要是对秘书人员、文书人员、档案人员之间及秘书部门、文书部门、档案部门之间的关系认识有误。如史玉峤虽然承认秘书学、文书学、档案学都是独立学科,但却认为"秘书工作是文书、档案工作的前提和基础,秘书人员涵盖文书、档案人员,秘书部门涵盖文书、档案部门,秘书学研究直接影响、制约着文书学、档案学的发展。"①

3.对秘书学和文书学、档案学之间的区别把握不准。如史玉峤认为:"对于文书、档案工件的研究,文书学、档案学着眼于微观探讨,具有较强的技术性和可操作性;秘书学着眼于整体观照,仅作一般性的理论概括。"②刘登山等甚至认为:"文书学和档案学都是从秘书工作中产生和发展起来的,是包含在秘书学的研究范畴之内的。"③

以上观点突出反映了秘书学界在秘书学、文书学和档案学三者关系上认识的混乱。针对以上存在的问题,为正本清源,笔者在此谈点自己的看法。

首先,从秘书学、文书学、档案学的研究对象看,它们都是独立的科学,文书学、档案学不可能是秘书学的分支学科。

一门独立的科学必须有自己独特的研究对象。秘书学是研究秘书现象及其运动规律的④,文书学是研究文书现象及其运动规律的,档案学是研究档案现象及其运动规律的。(本书第二章中,笔者曾指出,随着文书学和档案学的日趋整合,整合后的档案学研究

---

①　史玉峤.现代秘书学[M].青岛:青岛出版社,2001:7.

②　史玉峤.现代秘书学[M].青岛:青岛出版社,2001:7.

③　刘登山,马天民,田中辉.秘书学教程[M].北京:中国政法大学出版社,1988:6.

④　潘连根,翁少菲.秘书学之研究对象[J].秘书,2017(5):8－12.

对象则是文件现象及其运动规律。此处仍沿用传统认识。)这是它们各自成为独立科学并相互区分的主要标志。一门独立的科学往往能衍生出若干分支学科，从而组成一个学科体系，而学科体系的完善程度则取决于该门科学的发展程度。

在秘书学、文书学、档案学三者之中，档案学产生最早，至今已有 80 余年的发展历程。但是，档案学在产生的初期是作为历史学的一门辅助科目而存在的，经过一个发育成长所必需的历史阶段，它才脱离历史学而成为一门独立的科学。文书学大致与档案学同时产生，但在 20 世纪 80 年代以前一直被看作是档案学的一门分支学科，但从 20 世纪 80 年代开始首先是档案学界自己将文书学视为与档案学并列的一门独立科学，才使得文书学有了长足的发展并建立了自己的分支学科，如中国文书工作发展史、历史文书学、文书处理学等等。秘书学虽然产生于 20 世纪 80 年代，但发展迅速，现已初步构建起了一个由多门分支学科组成的学科体系。

那么，文书学、档案学是否属于秘书学的分支学科呢？笔者认为，每一门独立的科学，既需要从整体系统的角度对其研究对象加以研究，也需要从不同角度、不同的侧面来加以研究，这是形成各门分支学科的基础。由于"秘书与文书、档案是不相同的，文书、档案是一种客观存在的事物，秘书却不是具体的物"①，因此秘书学和文书学、档案学的研究对象是有明显区别的。将秘书学研究对象之外的以文书、档案现象及其运动规律为研究对象的文书学、档案学纳入秘书学的学科体系之中，显然是不科学的。因为分支学科并不是一门独立的科学，"分支学科"与一门科学的"独立性"是相矛盾的。如将文书学、档案学视作秘书学的分支学科，等于否认

---

① 吴宝康.建设秘书学的一些设想和意见[J].档案学通讯，1985(3)：2—6.

了文书学、档案学是一门独立的科学,这与将法学视作政治学的分支学科而纳入政治学的学科体系的错误并无不同。

其次,从秘书人员、文书人员、档案人员之间及秘书部门、文书部门、档案部门之间的关系看,文书学是与秘书学相关的学科,但档案学与秘书学并不相关。

我国的文书学、档案学产生于 20 世纪 30 年代。由于当时国家档案馆事业尚未建立起来,研究者只偏重于从行政效率方面研究机关的文书、档案工作,而且这种研究仅限于公务文书和档案,因此民国时期对文书学和档案学的概念并无明确的划分。

新中国建立以后,我国的档案事业得到了空前的发展,其显著标志是各级各类国家档案馆和国家档案事业管理机关普遍建立,档案工作门类也更加齐全,业已形成了一个由档案事业管理工作、档案室工作、档案馆工作、档案专业教育、档案科学技术研究、档案宣传出版、档案界国际交往与合作等各个部分组成的、具有国家规模的档案事业系统。在该系统中,档案事业管理机关是组织指挥中心,档案室是基础,档案馆是主体,其他部分则是建设发展档案事业的重要条件。由于档案事业管理机关是主管档案事务的行政职能机构,档案馆是永久保存档案的科学文化事业机构,它们明显不属于秘书部门,因此其工作人员也不在秘书人员范畴之内。至于机关档案工作,由于"机关档案部门受办公厅(室)领导"①,因而办公部门涵盖了机关档案部门,秘书人员涵盖了机关档案人员,但即便如此,对机关单位的科技档案工作、干部档案工作等的具体领导也往往并不归于办公部门。"各单位的科技档案工作,由领导生

---

① 中共中央办公厅,国务院办公厅.机关档案工作条例[Z].1983—04—28.

产、科研的负责人或者总工程师分工领导。"①"各级组织、人事部门,应加强对干部档案工作的领导。"②因此,在档案学发展到已有众多分支学科并构成了一个较完善的学科体系的今天,档案学从总体上说和秘书学并不相关,更谈不上档案学的发展受制于秘书学的研究水平,和秘书学相关的只是档案学中的一门分支学科——档案管理学(亦即文书档案管理学),但档案管理学也不是秘书学的分支学科。

　　机关的文书部门和文书工作人员确实包含在秘书部门和秘书人员之内,但这并不能说明文书学是秘书学的分支学科。因为文书学作为一门独立的科学,具有自己独特的研究对象,具有自身的学科体系,特别是各种专用文书如科技文件材料、司法文书、外事文书等,与秘书部门的常用公文有很大的不同,因此曾经有专家学者提出在高校中设立文件学专业③。可见,文书学并非秘书学的分支学科,从总体上说,它只是和秘书学关系较为密切的一门科学。

　　特别值得说明的是,不要把秘书专业课程的设置与秘书学的学科体系混同起来。正如著名档案学家吴宝康教授所指出的:"秘书学专业的课程设置不能仅仅是按学科体系的各科目设置相应课程,除了设置有关本专业的课程外,还应安排本专业所需要的各门政治理论基础课、文化基础课、专业基础课以至某些自然科学方面的课程。此外,还可设置速记学、写作学、文书学、档案管理学等课。但是必须明确,我们不能把速记学、写作学、文书学、档案管理

---

①　国家经济委员会,国家基本建设委员会,国家科学技术委员会,国家档案局.科学技术档案工作条例[Z].1980－12－09.

②　中央组织部,国家档案局.干部档案工作条例[Z].1991－04－02.

③　曹润芳,王健.试析我国的文书学研究[J].档案学通讯,1996(4):51－54.

学等都列入秘书学的学科体系之内。"①这与文书学是档案学专业的必修主干课程之一,但并不表明文书学就是属于档案学的分支学科而将它纳入档案学的体系范畴是一样的道理。

最后,从秘书学与文书学、档案学之间的研究内容有所交叉看,也不能得出秘书学和文书学、档案学是包含或交叉的关系。

秘书学作为一门独立的科学,有自己独特的研究对象和研究领域。因而,即使秘书学的某些内容同其他科学有交叉,"如文书工作、档案工作的内容,秘书学也会涉及,也要去研究,但必须有自己的研究角度和独自的出发点,而不能混同于文书学和档案学"②。"秘书学不能一般性地去研究这些内容,应当从秘书工作的特点出发,根据秘书工作的需要和要求,研究与秘书工作有密切关系的那部分文书工作与档案工作的内容。"③具体说,就是从秘书工作的角度去研究文书处理和档案管理,而不要把文书学与档案管理学中所有的内容全部照搬过来。这样,才能避免重复,显示秘书学自己的特点。其实,秘书学界也早已有人注意到这一点并提出:"在文书学、档案学、领导科学、秘书写作已发展成为独立学科后,秘书学应处理好同这些相关学科的关系,秘书学可以综合运用这些学科的知识,来说明秘书活动的规律,但不要照抄,应坚持'人取我舍,人舍我取'的原则,显示出秘书学的理论个性来。秘书学要集中研究自己的对象,要从秘书活动本身的一系列矛盾出发,深入探讨。"④只不过这种呼声并未引起秘书学界足够的普遍重视。

---

① 吴宝康. 建设秘书学的一些设想和意见[J]. 档案学通讯,1985(3):2—6.

② 吴宝康. 建设秘书学的一些设想和意见[J]. 档案学通讯,1985(3):2—6.

③ 吴宝康. 建设秘书学的一些设想和意见[J]. 档案学通讯,1985(3):2—6.

④ 刘祖遂. 通用秘书学[M]. 北京:解放军出版社,1988:15.

综上所述,秘书学和文书学、档案学是并列关系,文书学是与秘书学密切相关的科学,档案学并非秘书学的相关科学,但档案管理学是秘书学的相关学科。

二、档案学界的主要观点及其剖析

由于秘书学产生较晚,但产生之后档案学界基本上能认同秘书学是一门科学,"因为它确实有自己的研究对象和研究领域,有自己特有的规律,在实践的基础上,加以总结和研究,获得规律性的知识,去指导实践,这就是科学嘛"①。因此,档案学界在档案学早已成为一门独立科学的前提下,自然很少去关注与同样作为一门独立科学的秘书学之间的关系问题,或者说两者之间的这种明显的并列关系并不值得专门进行深入研究。同样,也很少关注秘书学和文书学的关系问题。目前我国档案学界主要关注的是文书学和档案学之间的关系,这主要是由于文书学和档案学的关系问题,一方面是档案学界长期以来所面临的,另一方面也关系到这两门学科未来的发展方向和趋势。

1.秘书学与文书学合成文秘学。

尽管档案学界很少涉足秘书学和文书学的关系问题,但却有学者提出了秘书学和文书学的合成问题。此观点由陈作明教授提出,虽然在档案学界内部并无多大反响,在秘书学界却反响强烈。

1994 年陈作明教授发表了《把文书学扩展成文秘学的尝试》②一文,根据档案专业学生仅学习文书学不敷实用,应当扩充秘书学知识的现实,从而在教学活动中把文书学与秘书学有机地合成,扩

---

① 吴宝康.建设秘书学的一些设想和意见[J].档案学通讯,1985(3):2—6.
② 陈作明.把文书学扩展成文秘学的尝试[J].档案学通讯,1994(3):67—68.

展成为文秘学,并简要介绍了扩展的理由和根据、指导思想和办法。应该说,这是基于档案专业具体课程教学改革实践的一次尝试,特别是档案专业教学中在未设置秘书学课程的情况下,从学生就业(从事文秘工作)的角度对文书学课程教学进行改革。从实际教学内容看,并不是单纯把文书学扩展成为文秘学,而是把文书学和秘书学两门课程整合成了一门课程(作者称之为文秘学),从而使学生扩大了相关知识面,拓宽了学生的就业门路,是一项投入少而收效多的高效益措施。事实上,作者自己也认识到秘书学不能取代文书学,文书专业也不能包含在秘书专业之中。

如果说 1994 年的论文仅仅是基于档案专业教学课程改革实践的思考,那么 1997 年他的《再论合成文秘学问题》①一文则是从学科建设的角度进行的理性思考,认为文书学和秘书学并列很不合理,并对二者在研究角度、研究方法、研究层次的不同提出质疑,强调文书学和秘书学的并列存在只是一个历史遗留下来的问题,不是统一划分学科的结果,因而提出了把秘书学或合成的文秘学作为一门大学科处理的两种设想。

随着秘书学与文书学合成文秘学设想的提出,在秘书学界引起了强烈的反响,不过持异议者为多。如郭其智认为,秘书学和文书学的学科对象和研究角度各不相同,合成文秘学的设想是只看到文书学和秘书学的相互联系和重复,而忽略了它们之间的区别,因此要科学地划分文书学的研究领域使之独立地发展,但在课程设置上可根据专业建设和教学对象的不同,灵活设置。② 郝文勉则

---

① 陈作明.再论合成文秘学问题[J].档案学通讯,1997(4):49—51.
② 郭其智.浅论文书学的研究领域——兼与陈作明同志商榷[J].档案学通讯,1995(4):57—60.

认为,秘书学和文书学"万万不可合成,无论是学科建设还是课程设置都应区别开来"①。

客观地说,陈作明教授提出的秘书学和文书学的合成问题,在专业教学的课程设置和教学活动中是可行的,可以解决教学过程中大量的重复内容,类似的还有文书学和公文写作教学内容的重合问题,确实可以起到课程精简高效的目的。至于从学科建设的角度,是否有必要和能够将秘书学与文书学合成文秘学的问题,笔者认为这不同于文书学和档案学的整合具有一定的基础,因为秘书学和文书学的研究对象完全是两种不同性质的"事物"——一为"人",一为"物",不像"文书"与"档案"具有同源性,也缺乏学科研究实践及其成果的印证,显然值得商榷。时至今日,设想中的文秘学依然没有合成。不过,陈作明教授提出的将秘书学作为一门大学科来建设的设想是有合理性的,这有助于秘书学的发展和学科体系的建构和完善。"即秘书学不再是一门单一的学科,也非原来的秘书学概论,而是由众多子学科组成的'大秘书学'或者可称之为秘书科学。"②

2. 档案学与文书学关系之争——包含关系还是相关关系。

由于档案学和文书学几乎是同时产生的,有关这两门学科的关系问题一直有所争论,可以说是历史遗留问题。

在 20 世纪 80 年代以前,文书学是档案学的一门分支学科曾是一种普遍认识,几乎不存在什么争议。著名的档案学家吴宝康教授就一直持此观点,极具代表性。"建国以来,大家一直把文书学

① 郝文勉.论建立秘书学学科体系和秘书专业体系[J].档案学通讯,1998(6):56-58.
② 何宝梅.秘书学基础理论探究[M].杭州:浙江大学出版社,2010:53.

作为档案学的一门分支学科来看待的,这也就是说文书学是属于档案学的。我早在五十年代前期,就认为文书学是一门独立学科,但文书学属于档案学,是档案学的一门分支学科。后来,特别是进入八十年代,有些同志认为文书学有其与档案学不同的独自的研究对象与任务,把文书学列为档案学的分支学科是不适当的。他们认为文书学应该是一门独立于档案学之外的独立学科。""近些年来,由于理论研究的需要,我又思考了这个问题,我认为文书学是一门独立学科,仍可以并应属于档案学,是档案学的一门分支学科。"因为"文书工作与档案工作已经不是一般意义上的关系密切,而是你中有我,我中有你,在研究档案学时,有千丝万缕的具体工作环节上的联系,必须同时去研究文书工作。这种密切关系已经不是用文书学是档案学的基础或条件等可以说明的,而是文书学本身的内容就是档案学本身的一个重要方面"。特别是在机关文书管理与档案管理的一体化趋势面前,"我认为不应该把文书学放到档案学之外去,而是作为档案学的一门分支学科,既独立研究又紧密结合档案工作的实践,发展文书学"。①

但自 20 世纪 80 年代开始,档案学界越来越多的学者认为文书学和档案学是并列的姊妹学科,并逐步占据主导地位。20 世纪 80 年代后的档案学概论教材中均已持此观点。

笔者也十分认同文书学和档案学是两门各自独立的科学,它们各有自己独特的研究对象和任务,各有自己的学科体系,但两者具有亲缘关系,联系十分紧密。吴宝康教授既认为文书学是一门独立的科学,又认为它是档案学的分支学科,笔者不敢苟同。我分

---

① 吴宝康.文书学仍应是档案学的一门分支学科[J].档案管理,1987(3):28—30,23.

析,吴老可能是将一门科学的独立性,与某一门具体科学学科体系内的分支学科与其他分支学科相比较也具有一定的相对独立性,是混同起来了。档案学是一门独立的科学,档案学学科体系内的分支学科,如档案管理学、科技档案管理学、档案保护技术学等相互之间在档案学这一科学内也具有相对独立性,但这种分支学科之间的独立性是相对的,因为各门分支学科的研究对象具有同源性,即都是研究档案现象的某一方面。如果不同的科学在研究对象中没有共性,则它们之间是不会存在又独立又包含的关系的。此外,特别要注意的是,学科的研究对象不能等同于学科的研究内容,"各学科的研究内容可以有交叉,但研究对象绝不可以有交叉。研究内容强调的是协变性,要求与社会发展相适应,也要求与时代背景相适应;研究对象强调的是科学性"①,是抽象的而非具体的。因此,文书学和档案学的研究内容因文书工作和档案工作的紧密联系而有所交叉重合,也不是文书学是档案学分支学科的立论依据。

然而,档案学和文书学之间毕竟具有亲缘关系,这主要是源于这两门学科研究对象的同源性,即文书与档案是同一事物的不同阶段(尽管也有学者认为是两种不同的事物)。"这也使文书学和档案学的研究密切相关,发展这两门学科必须注意协调一致、理论连贯、观点相容。"②笔者甚至坚信文书学和档案学在条件成熟时是可以整合在一起的。因为文书与档案都属于广义的文件范畴之

---

① 金胜勇,李雪叶,王剑宏.图书馆学情报学档案学:研究对象与学科关系[J].中国图书馆学报,2011,37(6):11-16.

② 冯惠玲,张辑哲.档案学概论(第二版)[M].北京:中国人民大学出版社,2006:213.

内,文书学与档案学这种研究对象的同源性是两者整合的内在理论基础,而文档一体化管理实践的普遍推行则是两者整合的外在动力。"应该说,这种整合发展的趋势是十分明显的(事实上已经处在整合的过程中)。"①(笔者在本书第一章中已有详细论述。)

第三节　档案学与图书馆学、情报学的关系

　　档案学、图书馆学、情报学目前都已经是独立的学科。自从档案学从历史学中分离独立出来后,现在绝大多数学者一般都把档案学与图书馆学、情报学看作是同宗学科,这体现在有关的学科专业目录中。如《学位授予和人才培养学科目录(2011年)》在"管理学"门类下设有"图书情报与档案管理"一级学科,《普通高等学校本科专业目录(2012年)》在"管理学"门类下设有"图书情报与档案管理类"专业(包括图书馆学、档案学、信息资源管理三个专业)。但笔者始终认为,《学位授予和人才培养学科目录(2011年)》《普通高等学校本科专业目录(2012年)》只是设置和调整专业、实施人才培养、安排招生、授予学位、指导就业,进行教育统计和人才需求预测等工作的重要依据,它还不是真正意义上的学科分类。因而《中华人民共和国学科分类与代码国家标准》(GB/T 13745—2009)中特别指出,"本标准中出现了一些学科与专业、行业、产品名称相同的情况,是出于使学科名称简明的目的,其内在含义是不同的。"在该标准中,一级学科的"管理学"是放在"工程与技术学科"门类中,而一级学科"图书馆、情报与文献学"却放在"人文与社会科学"门类中,作为二级学科的"档案学"又在一级学科"图书馆、情报与文

---

① 　潘连根.文件与档案研究[M].合肥:安徽大学出版社,2007:3.

献学"之中。

虽然上述认识的差异是如此之大,但正如标准中特别指出的:"本标准的分类对象是学科,不同于专业和行业。本标准的分类不能代替文献、情报、图书分类及学术上的各种观点。"因此,不管学界对这三门学科的关系是如何界定的,至少有一点是可以达成共识的,那就是档案学、图书馆学和情报学是联系十分紧密的相关学科,它们无论在学科的理论基础、实践基础还是在专业教育、学科自身发展的历史及时代发展的要求方面都具有相当的共同性。

1. 在"大信息观"的视野内,档案学、图书馆学、情报学无疑是"同族学科"——信息科学,具有共同的理论基础。

正如钱学森教授早在1979年《情报资料、图书、文献和档案工作的现代化及其影响》一文中指出的:"从系统工程的技术角度来看,情报资料、图书、文献和档案都是一种'信息',这种系统工程的目的就是信息的存储、信息的检索和提取,信息的传输和信息的显示,所以这整个技术可以称为信息系统工程。"[①]可见,从信息科学的角度看,这三门学科是具有一定的共同理论基础的,即有关信息的搜集、存储、加工处理、传递和利用的基本原理和方法是可以相互借鉴互为作用的。当然,作为三门不同的学科,在研究内容的侧重点会有所不同。有学者认为:"图书、情报和档案三种实体都是包含知识的信息资源,这是学科研究对象的共同理论基础",但各自研究对象的侧重点不同,"图书馆学注重建立文献信息系统,强调信息的全面性、广阔性,并以此为手段满足人们的信息需求;情报学的重点在于信息的增值,强调信息的深层次、新颖性和专指

---

① 钱学森.论系统工程[M].长沙:湖南科学技术出版社,1982:87—98.

性；档案学重视原始信息的利用，强调档案信息的原始性"。① 也有学者认为："图书馆学的研究对象是面向信息检索的信息组织，情报学的研究对象是基于信息组织的信息开发，档案学的研究对象是面向信息利用的信息保存，三学科的研究对象是各自独立，但又相互联系的。"②或者认为："对于'图书情报与档案管理'一级学科来说，其研究对象是社会信息交流系统，但对它所包含的子系统来说，由于具体目标与功能的差异，必然带来在路径选择、操作技术方法上的不同。对于图书馆学、情报学与档案学这些二级学科来说，正是由于其服务理念（即应对用户需求的战略规划目标）不同，带来了信息空间中资源选择及资源组织方法的差异。"③本来，作为三学科在信息领域研究内容的差异性揭示，上述观点都有一定的可取之处，但他们都是把这此差异当作是三学科研究对象上的区别，这是值得商榷的。笔者在本书第二章中已经分析指出，不同学科研究内容的交集并不等于学科研究对象的等同。研究内容由研究对象派生出来，它可以用本学科的理论作基础，也可以用其他学科的理论作基础，甚至兼而有之，因此各学科的研究内容可以有交叉，但研究对象绝对不能交叉，否则就会丧失学科的独立性。可见，三学科只是共同使用了信息科学的理论和方法来研究各自的图书、情报、档案的信息问题，从而造成了三学科研究内容的交集。类似的，三学科也可共同使用系统科学、控制科学的理论和方法来

① 王宸君. 图书馆学、情报学、档案学的共同基础[J]. 高校图书馆工作，2003（3）：6—7，43.

② 金勇胜，李雪叶，王剑宏. 图书馆学情报学档案学：研究对象与学科关系[J]. 中国图书馆学报，2011，37（6）：11—16.

③ 韩毅，李健. 图书馆学、情报学与档案学的共性与差异分析[J]. 情报资料工作，2012（4）：5—10.

研究各自的信息系统问题。信息科学、系统科学与控制科学,作为提供方法论意义的横断科学,本就能够普遍适用于其他各门学科。

2. 从信息工作的角度而言,图书工作、情报工作、档案工作在实践中是有许多共同之处的。

由于它们工作的对象都是依附于一定载体的通过语言文字等符号系统表达出来的显性信息资源;工作的过程都是对信息的搜集、存储、加工处理、传递和利用;工作的目标是为了满足广大社会成员的信息需求;特别是在传统的分类、编目、索引等方面和现代信息技术方法手段方面(如计算机、网络、多媒体以及数据存储技术)更能开展相互合作研究,成果可以相互借鉴利用。

其实,早在 20 世纪 60 年代,国际上已经有了图书、情报、档案一体化管理的实践。1967 年联合国教科文组织将"图书馆组及书目、情报工作与科学名词委员会"改名为"情报工作、图书馆与档案部";1974 年该组织又在巴黎召开了全面规划国家文献、图书馆、档案馆基础结构的世界科技情报服务系统大会,提出了建立"国家情报系统"(NATLB)的计划;1976 年该组织又将科技文献与情报处同文献馆、图书馆和档案馆处合并为综合情报计划处,统一负责有关专业情报系统、文献、图书馆和档案馆方面的工作。为此许多国家据此采取了推动图书情报档案综合发展的相应措施。在国内,1985 年中国科学院图书馆改名为"文献情报中心",在中科院系统内实现了图书、情报一体化的管理;之后中国社科院、农科院、中联部、国防科工委也成立了"图书情报中心";1996 年 12 月上海图书馆与上海科学技术情报研究所合并,成为国内第一个省(市)级图书情报联合体;2003 年建成的天津泰达图书馆档案馆成为区域信息中心;国内许多企业也进行了内部情报档案信息一体化管理的尝试和实践。

可见,这种管理工作实践上的共性也使得三学科在实践应用层面具有了较高的相关度意义,也为三学科一体化的发展奠定了坚实的实践基础。

3.从专业教育层面看,图书馆学、情报学、档案学专业的一体化趋势日益明显。

早在 1985 年 7 月国家教委和国家档案局在《关于发展和改革档案学教育的几点意见》中指出,档案工作和档案学研究中面临着档案与图书、情报工作一体化和档案与文件管理一体化的前景,要求档案学教育一般不要过细地划分专业。同时也有学者指出图书、情报、档案人才的培养将经历"全才型——专才型——通才型"三个阶段,培养通才,就必须打通图书、情报、档案横向联系的通道,实行"一体化"教学。① 现在看来,这是极有见地的。但当时由于图书、情报、档案专业人才还很欠缺,所以仍处于专才型人才培养阶段。当社会步入信息时代,经济和社会的发展高度依赖信息技术和信息资源,因此,为了满足社会对一专多能的综合性信息人才的需求,"原有的图书馆学、情报学、档案学专业教育的单一培养模式,已无法适应信息资源管理活动及信息化事业发展的大趋势。在经济社会发展的推动下,愈显复合型信息资源管理人才培养的必要性"②。由于长期以来学界对图书馆学、情报学、档案学的学科性质和归属问题一直有所争论,从而导致它们在专业目录和学科目录中的归属始终处在变动之中,如早在 1998 年教育部的高校本

---

① 黄宗忠.试论图书、情报、档案一体化的发展趋势[G]//国家教育委员会高教一司文科教学处,国家档案局教育处.档案学理论新探索——全国档案学研讨班专题报告、发言集.北京:档案出版社,1987:203-219.

② 陈艳红,沈丽.信息资源管理本科专业的建构背景与策略——基于图书馆学、情报学与档案学专业一体化的思考[J].档案学通讯,2008(4):71-74.

科专业设置中删除了情报学专业,现在使用的《普通高等学校本科专业目录(2012年)》在"图书情报与档案管理类"下设有图书馆学、档案学、信息资源管理三个专业,且不论这种专业体系设置是否合理,带来的问题是复合型信息资源管理人才的培养是通过直接设置信息资源管理专业还是在原有的图书馆学、档案学专业中进行改造来完成。我国目前对这两种情况都有实践探索。不过,从国外的情况看,在21世纪初,美国的图书馆学情报学教育机构为了应对新的信息环境给传统的图书情报学教育带来的挑战,发起了"信息学院运动"(Information Schools Movement),以整合所有与"信息"相关的学科教育,目前其联盟成员已遍及美洲、亚洲、欧洲。与国内高校大多单独开设图书馆学不同,国外的iSchools联盟成员很少单独开设"Library Science"专业,而是开设"Library and Information Science"或者"Information Science"专业,且iSchools联盟成员高校的图书情报学教育与档案学教育整合的趋势也在不断加强。① 因此,借鉴国外的专业教育实践和经验,笔者更倾向于进行信息资源管理类大类招生,在修完公共必修课程、大类专业基础课程的基础上再按学生志愿进行分专业方向的教育,以达到培养信息资源管理复合型人才的目标。当然,具体如何实践可根据各高校的实际情况进行选择,但图书馆学、情报学、档案学专业一体化建设的趋势是明显的。

4. 从学科自身的发展历史和时代发展的要求来看,图书馆学、情报学、档案学有着共同的发展基础。

我国古代图书和档案不分,本是一物,在唐代以前图书馆和档

---

① 肖希明,唐义.图书馆学博物馆学档案学课程体系整合初探[J].中国图书馆学报,2014,40(3):4—12.

案馆也是难以区分的,且重藏轻用。这种早期同根同源的历史传统使得我国的图书馆学和档案学具有天然的紧密联系。我国的图书馆学产生于 20 世纪初,档案学则稍后形成于 20 世纪 30 年代,因此,档案学的形成和发展自然会受到图书馆学的深刻影响。有学者对此做过专门的分析研究,认为当时的档案专业教育、档案工作实践(档案的分类、编目、排列、保存、检索等)都深受图书馆学的影响。"在中国档案学发展历程中,图书馆学的影响是非常明显的,这在三四十年代尤其如此。"[①]20 世纪五六十年代,现代科技革命使得科技文献急增,从而在图书馆二次文献加工基础上发展起来的情报工作从图书馆学中分离出来形成了情报学,情报学又借鉴发展了图书馆学档案学的理论和方法。三学科的这种历史上的直接相关性,才使得许多学者认为它们同宗同源,联系十分紧密。

随着计算机技术、通信技术和网络技术的发展,信息技术革命对传统的图书、情报、档案工作带来了严峻的挑战,共同面临着许多新的问题,如数字信息的价值鉴定与选择、保存,网络环境中数字信息的管理、利用方式等。这既拓展了图书馆学、情报学、档案学的研究领域,又促使三学科之间的相互渗透、吸收、融合,共同面对一些新的问题,如数据的标准化、信息的安全,从而"加速推动图情档案在新技术环境中谋求信息大学科下的资源整合"[②],即在信息资源管理科学内实现图书馆学、情报学、档案学的一体化发展。

虽然档案学与图书馆学、情报学联系十分紧密,但是"由于各自研究对象之间的差异,又形成了各自相互独立的理论知识体系。

---

① 刘文杰.试论图书馆学对中国档案学的影响[J].档案,1986(6):19—23.
② 丁子涵,王芹,蒋卫荣.从引文分析看档案学与图书馆学、情报学的学科融合[J].档案学通讯,2012(2):25—29.

在实际的研究工作中,如果片面地强调三者之间的联系,抹杀它们之间的特殊性,甚至认为可以通过发展其中的某一门学科就可以代替另外两门学科的发展,那么,就会断送这些学科的生命"①。

第四节 档案学与管理学的关系

现代意义上的管理学形成于 19 世纪末 20 世纪初,是美国社会工业化大发展的产物。被西方管理学界誉为"科学管理之父"的泰勒(Frederick Tayior,1856—1915)率先在管理实践和管理问题研究中采用观察、记录、调查、试验等近代分析科学方法,逐渐形成了一套被称之为"泰勒制"的科学管理理论,包括以下八个方面:中心问题是提高劳动生产率;需要挑选和培训第一流的工人;使工人掌握标准化的操作方法,使用标准化的工具、机器和材料;采用刺激性的工资报酬制度;工人和雇主的"精神革命";把计划职能和执行职能分开,以科学工作方法取代经验工作方法;实行职能工长制;实行例外原则。从而将以往的经验管理上升为科学管理,泰勒的科学管理理论也就成为管理学形成的标志。

在整个 20 世纪,管理学获得了迅速的发展,出现了众多的管理学家和学术流派,其形成与发展线索可以从不同角度来把握:一是从管理学的内容构成角度看,分为组织理论研究(从古典组织理论、组织行为学、组织社会学、领导科学到企业文化等)、管理方式方法研究(从科学管理理论、行为科学、管理科学理论、决策理论到生产管理信息管理方法等)、经营理论研究(从厂商理论、产业组

---

① 冯惠玲,张辑哲.档案学概论(第二版)[M].北京:中国人民大学出版社,2006:212.

织、市场学、消费者理论到战略管理）。二是从管理知识的产生方法角度看，分为应用管理学（从管理实践中总结出来的管理原理和方法）、理论管理学（以基本的人性假设出发构造的管理理论）和实验管理学（以管理案例为主的管理学）。三是从管理学发展的影响因素角度来看，分为以科学文化为基础的科学主义线索（由泰勒科学管理开始，包括社会系统理论、管理过程理论、系统管理理论、管理科学理论和决策管理理论等）、以现代人性为基础的人本主义线索（由梅奥对"社会人"的研究开始，包括个体行为理论、团体行为理论、组织行为理论和管理伦理理论等）、以文化模式为基础的文化主义线索（由德鲁克管理实践理论开始，包括组织文化理论、战略管理理论、变革管理理论、知识管理等）。

管理学作为一门系统研究管理活动基本规律和一般方法的科学，与其他学科的发展密切相关。"一方面，管理学从其他学科的发展中吸取能量，获得了自身的发展。而另一方面，管理学的发展也为其他学科发展获得了动力。如果细研管理学的本质，不难发现，其实管理学是早已渗透到各个学科和各个领域。"①由于管理是指在特定的环境下，管理者通过执行计划、组织、领导、控制等职能，整合组织的各项资源，实现组织既定目标的活动过程。"管理的本质是把有限的资源进行合理的安排，并提高效率从而实现目

---

① 曾凯生.管理学发展与其他学科发展的关系——回顾与展望[C]//中国企业管理研究会,中国社会科学院管理科学研究中心,中国社会科学院企业管理重点学科.管理学发展及其方法论研究.北京:中国财政经济出版社,2005: 203－210.

标。基于管理的本质,各领域的其他学科就离不开管理学的运用。"①因此,管理学必然会运用于图书馆学、情报学和档案学中。

在具体研究管理学和档案学关系问题之前,笔者觉得首先必须了解图书情报学界对此问题的研究状况,这会给档案学界一定的启迪。

图书馆学从 20 世纪 80 年代以来,在学科体系中先后隶属于文学、理学,目前隶属于管理学。因此,在图书馆学界,早就把管理学看作是图书馆学的相关学科,有关图书馆学和管理学关系的研究较多,也更为深入,并形成了多种不同的认识。

在国外,"自图书馆学产生之初,研究者就认识到图书馆工作是一项具有管理性质的活动。从施莱廷格首创'图书馆学'一词并提出图书馆学是'符合图书馆目的的图书馆整理方面所必要的一切命题的总和'、到爱德华兹的图书馆管理学思想、再到 M. 杜威的实用派图书馆学,管理思想的脉络一直贯穿始终"②。在国内,20世纪 90 年代教育部相继修订了指导研究生、本科教学的专业目录,"管理学"首次成为一个独立的学科门类,图书馆学成为管理学门类下的一个二级学科,从而确立了管理学与图书馆学的学科隶属关系。尽管国内学者对管理学和图书馆学的隶属关系存在一定的疑义,但并不否认管理学与图书馆学之间存在一定的相关关系。

---

① 曾凯生.管理学发展与其他学科发展的关系——回顾与展望[C]//中国企业管理研究会,中国社会科学院管理科学研究中心,中国社会科学院企业管理重点学科.管理学发展及其方法论研究.北京:中国财政经济出版社,2005:203-210.

② 徐跃权.管理学的特点及对我国图书馆学学科建设的启示[J].情报资料工作,2002(5):9-12,16.

"确切地说,图书馆学情报学应属于管理科学。"①管理学对于图书馆学的学科建设、人才培养等具有重要的作用。"图书馆学经历了实用的技术之学、人文的理念之学,现在正处于综合的管理之学的阶段。历史上曾经发生的科学与技术之争、理论与实务之争、专业教育与职业教育之争等等都能够在管理学的开放性框架内得到调整和统一。"②

图书馆学归属于管理学门类,但其直接的上位学科至今仍是若干相关学科并列的"图书情报与档案管理",对此图书馆学界颇有质疑。自20世纪90年代以来,图书馆学界一直在探索研究图书馆学的直接上位学科问题,目前主要有以下几种观点。

1.黄宗忠认为,文献信息学可以划分为理论文献信息学、文献信息工程学、应用文献信息学三大门类,其中应用文献信息学是将理论文献信息学和文献信息工程学的理论、方法与技术应用到某一方面而形成的文献信息学门类。应用文献信息学包含图书馆学、情报学、档案学、图书发行管理学等子学科。③

2.徐引篪认为:"图书馆只是信息资源管理的一种特殊形式,或者说是集成的信息资源管理的一个组成部分。在这个集成系统中,图书馆因其信息资源体系而具有不可替代的价值。具体到图书馆学与信息资源管理理论的关系,后者无疑将成为图书馆学的理论基础,而图书馆学则是后者的应用分支学科之一。"④可见,他

① 吴慰慈,张久珍.当代图书馆学情报学前沿探寻[M].北京:北京图书馆出版社,2002:24.
② 徐跃权.管理学的特点及对我国图书馆学学科建设的启示[J].情报资料工作,2002(5):9-12,16.
③ 黄宗忠.文献信息学[M].北京:科学技术文献出版社,1992:24-25.
④ 徐引篪,霍国庆.现代图书馆学理论[M].北京:北京图书馆出版社,1999:27.

认为图书馆学是信息资源管理学的分支学科。

3.吴慰慈认为,信息技术革命的发展,对信息管理学科的关注,促进了图书馆学情报学学科体系的变革与转型。"信息管理学科群在包含了图书馆学情报学的基础上融合了新闻学、传播学、咨询学、编辑、出版、发行等其他多个学科。信息管理学科是这些子学科在更高层次的集成"①。如此,"有助于图书馆学情报学吸收其他学科的研究成果和方法以促进自身的成长与发展,同时也能为其他学科的发展提供知识与方法的支持。"②可见,他认为"从信息管理学的角度看,信息时代的图书馆学应该是信息管理学的分支学科,是信息管理学的有机组成部分"③。现代信息技术给图书馆学情报学带来的这种深刻变化,还反映在图书馆学情报学相关学科的变化中,他从紧密型、松散型两个层次来区分相关学科,认为紧密型的相关学科有信息经济学、信息资源管理(IRM)、信息政策、信息法学、计算机科学、传播学、咨询学、认知科学等,松散型的相关学科有管理学、市场学、教育学、心理学、社会学等。④

4.马费成认为:"信息管理是一个非常综合性的领域,其理论方法涉及计算机科学、信息科学、图书馆学、情报学、社会学、管理学、经济学、法学、心理学、伦理学等众多的学科。围绕信息管理的理论与实践已经形成了许多独立的学科领域,如信息组织、信息检

---

①　吴慰慈,张久珍.当代图书馆学情报学前沿探寻[M].北京:北京图书馆出版社,2002:8.

②　吴慰慈,张久珍.当代图书馆学情报学前沿探寻[M].北京:北京图书馆出版社,2002:8.

③　吴慰慈,张久珍.当代图书馆学情报学前沿探寻[M].北京:北京图书馆出版社,2002:216.

④　吴慰慈,张久珍.当代图书馆学情报学前沿探寻[M].北京:北京图书馆出版社,2002:24—25.

索、信息系统、信息用户、信息经济、信息市场、信息法学等等,它们从不同的侧面研究和解决社会信息流的控制问题,形成了各具特色、相互补充的学科群。"①可见,他认为信息管理(学)与图书馆学、情报学等是交叉关系。

5.叶继元认为,信息科学已由一门研究信息形式的学科发展成一个既研究信息形式又研究信息内容,横跨自然科学和社会科学的综合性的大学科群,凡与信息、知识、情报、智能有关的学科或领域,诸如图书馆学、情报学、编辑出版学、档案学、传播学等均可全部或部分纳入其中。而信息管理、信息系统或信息管理系统是信息科学与管理学、计算机科学、经济学交叉形成的领域或学科,它从属于信息科学和管理学。信息资源管理学与信息管理学大同小异,但由于信息管理的含义太多太广,用信息资源管理更为明确。因此,图书馆学是信息科学的分支学科,同时图书馆学、情报学(在许多情况下二者是一回事,故有图书情报学之说)与信息管理学或信息资源管理学是交叉关系。②

6.龚蛟腾认为,图书馆馆藏资源实际上就是人类的公共知识,图书馆是人类公共知识中心在特定阶段的表现形式,情报则是组织和个人在竞争中所需要的特定知识,因而图书馆学实质上是公共知识管理学,情报学则是竞争知识管理学。图书馆学、情报学、档案学、出版发行学乃至企业知识管理(学)和政府知识管理(学)等隶属于同一个学科——知识管理学。因而构想在管理学门类设置一级学科——知识管理学,其二级学科包括公共知识管理学(图

① 马费成,胡翠华,陈亮.信息管理学基础[M].武汉:武汉大学出版社,2002:24.
② 叶继元.变中求存,存中思变——图书馆学、情报学与信息管理学等关系再思考[J].大学图书馆学报,2006,24(2):29-34.

书馆学)、竞争知识管理学(情报学)、档案知识管理学(档案学)、知识经营传播学(出版发行学)、企业知识管理学和政府知识管理学等学科。① 不过,后来他又作了适当修正,认为图书馆学(公共知识管理学)具有知识管理和公共管理的两重特性,既可归类于知识管理学,又可隶属于公共管理学。但是,在整个学科树的描绘和学科目录的划分中,图书馆学不可能游移不定。显然,图书馆学的上位学科选择是一个两难问题,目前还难以做出明确的决断。②

由上可知,目前图书馆学界关于图书馆学的直接上位学科、相关学科的关系问题是众说纷纭,莫衷一是,但也反映了图书馆学界对此问题的重视程度。因为这一问题,既直接关系到图书馆学能否沿着正确的轨道良性发展,又关系到图书馆学与其他学科的合理竞争,也对图书馆学的专业设置和课程体系建设具有重要的指导意义。

反观档案学界,对于档案学和管理学的关系问题不太关注,相关研究成果屈指可数。笔者分别以"档案学"为主题并含"管理学""信息管理学""知识管理学""公共管理学""文献管理学""信息学"等为关键词在中国知网上进行精确检索,许多检索结果显示为零,就检索显示的结果经过分析能得到的真正相关的论文也才两三篇。而笔者又分别以"图书馆学"为主题并含"管理学""信息管理学""知识管理学""公共管理学""文献管理学""信息学"等为关键词在中国知网上进行精确检索,显示结果大为可观。两者简直不

---

① 龚蛟腾.知识管理学:图书馆学之上位学科[J].中国图书馆学报,2006,32(5):80—83,87.

② 龚蛟腾.图书馆学上位学科再探究:知识管理学还是公共管理学[J].中国图书馆学报,2008,34(2):24—28.

可同日而语。

有关档案学与管理学的关系,目前最有影响的观点是《档案学概论》教材中的表述:"管理科学的研究经验及其所提供的理论、原则和方法等,在档案学的研究和建设方面,均具有一定的借鉴和参考价值。此外,由于档案学的主要研究对象一般都同人类的各项社会管理活动存在着千丝万缕的联系,档案管理又是社会诸种管理活动的有机组成部分,所以,档案学研究领域中的一些分支学科实际上带有明显的管理科学的性质。但是,我们不能在档案学和管理科学之间画等号。因为管理科学通常都是从一般意义上对社会的各种管理现象进行研究,所以其理论大多具有一般性和概括性的特点,而且注重揭示人类社会管理活动的一般规律、原则和方法。而档案学则主要研究和揭示档案现象的本质和规律,注重对档案管理科学理论、原则和方法的总结、提炼与升华。因此,档案学同管理科学的关系是特殊和一般的关系。"①

当然,档案学界依然有个别学者对此问题进行过相关探讨。

陈林认为,文献信息学是研究文献信息的本质、结构、功能以及文献信息的集聚、存贮、转化、传递、利用与组织管理的活动及其规律的一门综合性的应用学科,是信息科学的分支学科,是图书馆学、情报学、档案学的综合,是图书馆学、情报学、档案学的共同本质、特征、方法的抽象与概括,是三者的上位类学科。②

马自坤认为,信息学和档案学都属于管理学科,由于两者在研究对象、研究方法、学科性质等方面有许多相同之处,因此决定了

---

① 冯惠玲,张辑哲.档案学概论(第二版)[M].北京:中国人民大学出版社,2006:211.
② 陈林.试论文献信息学对档案学的影响[J].档案与建设,1994(2):10-12.

信息学和档案学内在的关系,它们可以相互借鉴,相互移植较成熟的理论和方法。①

　　冯桂珍、吴建华认为,档案学属于信息科学体系中信息管理科学这一门类。随着社会信息化进程的加快,将档案学作为信息管理科学的分支来建设,更能反映档案学的时代特色。② 欧阳华锋、石建斌也认为,基于信息管理的视角,档案学属于信息管理学范畴,图书馆学、档案学和情报学均属于信息管理科学的具体应用学科。③

　　宋香蕾、加小双认为,档案学属于管理学的分支学科,管理学视角是档案学研究中最重要的视角,管理学视角下的档案学研究呈现出两个特点:一是档案学理论研究的视阈得到扩展,知识管理、集成管理、风险管理等管理学重要管理理念进入到档案学领域,催生了电子文件管理、档案知识管理、文件/档案集成管理、档案风险管理等一系列档案学新理论,推动了档案学理论创新。二是档案学理论的辐射范围不断扩大,档案学理论不只被应用于档案系统内部,也在社会管理、组织管理中发挥重要作用。④

　　相比图书馆学界,档案学界的研究显得非常单薄,研究者少,研究的范围窄、程度浅,多是有关论文中附带提及,缺乏专门的深度研究。

① 马自坤.信息学与档案学比较研究[J].云南档案,1999(1):36—37.
② 冯桂珍,吴建华.论信息科学及其学科体系——兼论档案学在信息科学中的地位[J].档案学通讯,2004(2):21—25.
③ 欧阳华锋,石建斌.档案学也是一门信息管理学科[J].兰台世界,2008(12):12—13.
④ 宋香蕾,加小双.多学科视角下的档案学理论研究进展(之二)——管理学视角[J].山西档案,2017(1):11—17.

　　由于图书馆学、情报学和档案学现在基本上把它们看作是同一类学科,因而这种密切的相关性,不仅使得图书馆学界在上述研究中所面临的问题同样是档案学存在的,而且其研究的领域、研究的思路与方法、研究的成果等都可为档案学界参考借鉴。

　　笔者在此认为,基于档案的多种属性(如信息属性、知识属性、文献属性、文化属性、记忆属性等)和档案管理活动具有的管理性,因此,信息管理学或信息资源管理学(信息学和管理学的交叉学科)、知识管理学(知识学和管理学的交叉学科)、文献管理学(文献学和管理学的交叉学科)、文化管理学(文化学和管理学的交叉学科)、记忆管理学(记忆学和管理学的交叉学科)等,档案学和它们都具有密切的相关性,档案学的研究都可以借鉴上述学科的理论、原则和方法,但不能由此推断出档案学是上述信息管理学或信息资源管理学、知识管理学、文献管理学、文化管理学、记忆管理学的分支学科,它们只是档案学密切相关的学科,也不能推断出档案学处于信息学、知识学、文献学、文化学、记忆学及管理学这些学科体系之内,它们和档案学只具有一般相关关系。借用吴慰慈的说法,前者是档案学紧密型相关学科,后者是档案学松散型相关学科。这种紧密还是松散,是由这些学科和档案学在学科系统中所处的位置远近决定的,或者说是与档案学的相关度决定的。如果把档案学看成是上述学科的分支学科,那么就会出现档案学成为多门学科的分支学科的奇怪现象,档案学就会迷失自我,其独立性也不复存在。这也可能就是图书馆学、情报学、档案学一直找不到一个明确的上位学科的原因。至于档案学现在在高校专业设置中归属于管理学门类,也不能由此推断出档案学是管理学的下位学科,这在本书第三章中已有论述。胡鸿杰在《中国档案学的理念与模式》一书中,将管理学看成是影响档案学形成、发展的基础学科,而没有归入影响档案学形成、发展的相关学科中①,这是有一定道理的。可见,档案学就是档案学,它是一门研究档案现象及其运动规律的独立的社会科学。

---

① 胡鸿杰.中国档案学的理念与模式[M].北京:中国人民大学出版社,2005:64
　　—72.

第六章　档案学方法论体系之研究

对于科学研究活动而言,科学方法的地位和意义至关重要。如果没有掌握一定的科学研究方法,是无法进行科学研究活动的。从现代科学意义上理解,"方法就是人们为了达到一定目的(认识、变革或创造客体)所选取的手段、途径或活动方式"①。如此,"研究方法是指为了获取研究对象的知识和建立与发展科学理论应该遵循的程序以及采用的途径、手段、工具、方式等"②。对于档案学而言,档案学研究方法既是档案学者认识和研究档案学的基本工具,同时也是档案学研究的内容之一,即档案学方法论研究。而档案学方法论体系则又是档案学方法论研究的一个重要内容。

第一节　科学方法论体系:"层次说"和"过程说"

众所周知,人类需要不断进行认识世界和改造世界的实践活动,以推动人类社会的不断发展。人类认识世界和改造世界的实践活动都离不开科学研究活动,因为人们要想在实践的基础上形

---

① 孙小礼.科学方法中的十大关系[M].上海:学林出版社,2004:3.
② 赵喜英.新时期图书馆学研究方法的思考[J].河北科技图苑,2006(2):24—26.

成正确的理性认识,以及在理性认识形成后如何回到实践中去有效指导实践,都需要进行科学研究。人类正是在长期的科学研究活动中逐步形成了学科王国,构筑起了人类智慧的大厦。

任何一门学科的建立和发展都离不开研究方法的支撑。"科学史表明,科学与方法同生共长、形影相随。任何科研成果的取得,都是运用正确研究方法的结果。没有研究方法就没有科学。"①因此,研究方法的突破也就成为一门学科向新的高度发展的先导。同时,学习、研究、创新科学研究方法,对于科学工作者提高自身科学素质、充分发挥自身的创造性才能也具有十分重要的意义。

鉴于科学研究方法的这种重要性,才有许多学者对科学研究方法进行了殚思极虑的研究,导致了以科学研究方法作为研究对象的专门学问——科学方法论的产生。

科学研究中使用的具体方法种类繁多,科学方法论在将其构建体系时,主要有两种观点:层次说和过程说。

"层次说":按科学研究方法的普遍性程度和适用范围将其分成不同的层次,其中以"三层次说"影响最大。尽管三层次在如何划分时,不同的学者有不同的认识。但最流行的观点是按普遍性程度和适用范围由小到大分为以下三个层次:第一层次是各门学科的特殊的研究方法;第二层次是各门学科研究的一般方法;第三层次就是适用于自然科学、社会科学和思维科学的最具有普遍意义的哲学方法。

"过程说":从科学发生的角度来看,任何一项科学研究活动从开始到结束是一个连续进行的动态过程(科学研究程序),这一过程的每一环节都涉及研究方法的问题。如课题的选择方法、资料

---

① 张寒生.当代图书情报学方法论研究[M].合肥:合肥工业大学出版社,2006:6.

的搜集和整理方法、问题的分析和验证方法、理论成果的表述和评价方法等。

在科学方法论体系中,"层次说"(尤其是"三层次说")是主流观点。但"层次说"和"过程说"之所以能并存,实是由于它们都是科学方法论的研究对象。"科学方法论的研究对象是科学研究的一般方法和科学研究的一般程序的系统理论。"①

第二节 档案学方法论体系的研究现状

有无自己的方法论体系是一门学科成熟与否的重要标志。档案学研究中自然运用了许多科学研究方法,也取得了不少的理论成果。但目前我们对档案学方法论的研究仍然较为薄弱,特别是对于档案学方法论体系的认识还没有统一。而统一的档案学方法论体系的建立必将为档案学的进一步繁荣提供有力的工具和手段。

我国档案学界对于档案学方法论体系的研究,主要集中在 20世纪 90 年代。进入 21 世纪以后,很少有学者对此问题予以关注研究。现将有关档案学方法论体系的主要观点列举如下。

1. 赵爱国认为,档案学研究方法论大致可以划分为相互联系的四个层次:第一层次是哲学方法论与档案学结合的产物;第二层次是中间学科方法论、系统论、信息论、控制论与档案学的结合;第三层次是相关学科方法论与档案学的结合;第四层次是档案学自

---

① 李建珊.科学方法概览[M].北京:科学出版社,2002:7.

身的具体、特殊的方法论。①

2. 洪漪认为,档案学研究方法体系可分为三个层次:哲学方法,主要是辩证唯物主义和历史唯物主义方法;一般研究方法,包括逻辑方法、调查研究法、观察方法、实践方法、比较方法、历史方法、数学方法、系统论、信息论、控制论方法等;档案学专门研究方法。这三个层次是相互联系相互制约的。其中哲学方法起主导作用,它给档案学研究提供了指导思想和原则,属于最高层次;一般研究方法广泛应用于档案学研究的各个领域,构成了档案学研究方法体系的主体;专门研究方法是档案学研究特有的基本方法,它的形成标志着档案学方法论体系的成熟与完善。②

3. 计啸认为,可以从我国档案学研究常用的方法和手段中提炼出以下规律性的特征:主体与客体考察法、宏观与微观协调法、横向与纵向比较法、定性与定量结合法。③

4. 徐澍地认为,档案学研究方法按其性质和适用范围进行划分可得出以下体系:(1)档案学研究的专门方法,但目前还没有自己的专门研究方法;(2)档案学研究的一般方法,它包括分析方法、观察方法、实验方法、调查方法、历史方法、科学抽象和逻辑思维方法(含概念、判断、推理、比较、分类、类比、归纳、演绎、综合等多种方法);(3)档案学研究的综合方法,它包括系统论方法、控制论方法、信息论方法、移植方法等;(4)哲学方法,它通常不是以一种具体方法直接用于档案学研究,而更多的是以一种指导思想贯穿于

①　赵爱国.档案学研究方法论浅探[J].山东大学学报:哲学社会科学版,1989(4):110-113.
②　洪漪.档案学研究方法初探[J].湖北档案,1991(5):16-17.
③　计啸.论档案学的研究方法[J].湖北档案,1993(1):16-17.

档案学研究中,如发展的观点、辩证的观点、矛盾的观点常常是档案学研究的指导性原则。同时他也认为,根据研究的一般过程,档案学研究方法可以划分为档案学研究课题的选择方法、资料与事实的搜集方法、科学抽象与逻辑思维方法、档案学研究的综合方法(主要指横断学科方法)、档案学研究成果的评估方法等。①

5. 李财富认为,档案学除了要不断地吸收与借鉴各种具体的科学研究方法外,还要明确其一般方法论的要求,建立一套结构合理、功能齐全的方法论体系。档案学研究的一般性方法,主要有理论与实践相结合、历史与现实相结合、国际性与中国化相结合、定性分析与定量分析相结合,这是构建档案学方法论体系的重要内容,而其中的理论联系实践更是研究档案学的不可或缺的首要方法。除此以外,档案学研究中经常运用的方法还有调查法、逻辑分析法、比较法、自然实验法、统计法等。②

6. 李兆明认为,档案学研究的方法体系应当是系统的、完整的、科学的与辩证的。它包括相互对应着的若干种方法,各种方法之间相互补偿、相互联系,以形成一个方法系统。具体说,这个方法体系由以下五个方面组成:分析与综合的统一、微观与宏观的统一、定性与定量的统一、精确与模糊的统一、纵向和横向的统一。③

7. 霍振礼认为,档案学理论研究的方法可划分为三个层次:哲学方法、一般方法和档案学研究的特殊方法。同时他又指出,理论研究工作的程序也是一种方法,不过它的通用性更强。档案理论

① 徐澍地.试论档案学研究方法论问题——对目前我国档案学研究方法的分析[J].档案学通讯,1993(5):13-16.
② 李财富.试论档案学的研究方法[J].四川档案,1994(6):15-18.
③ 李兆明.档案学方法论略[J].档案学研究,1999(2):12-15.

研究工作的程序一般是:选题——情报调研——制定研究方案和实施计划——获取素材和数据——分析研究和形成研究成果。①

此外,还有不少学者专门就某种具体研究方法进行探讨。如吕军对比较方法在档案学研究中所具有的作用及在运用中要注意的问题进行了分析②;蔡安东认为,问卷调查法对于档案学研究具有重要意义,应在档案学方法论体系中占有一席之地,但目前在档案学的实际应用过少③;王福亮甚至提出要将"结构思想"与"结构方法"引入到档案学基础理论研究中去,会有独到的作用。④

而有些档案学概论教材在编写时,对档案学的方法论体系问题避而不谈,而是采用罗列几种常用的研究方法予以介绍。(但事实上也间接反映了编写者对档案学方法论体系的认识。)如赵越主编的《档案学概论》将档案学研究方法分为马克思主义哲学的指导思想、系统论、信息论和控制论的方法、比较研究的方法、历史与逻辑相统一的方法、档案学研究的其他方法(数学方法、移植方法)。⑤吴宝康主编的《档案学概论》则认为,档案学还没有形成自己的特殊的研究方法,而是根据具体情况综合运用一般的科学研究方法,如调查和统计的方法、观察和实验的方法、纵向和横向的比较方法、分析和综合的方法等,并希望能在档案学科学研究的实践中逐

---

① 霍振礼.对档案学理论研究方法的认识和体会[J].文献工作研究,1999(3):11—17.
② 吕军.论比较研究方法在档案学研究中的运用[J].山西档案,1996(2):11—13.
③ 蔡安东.《现代档案与文件管理必读》引发的思考——关于档案学研究视野与研究方法[J].山西档案,2008(5):27—28.
④ 王福亮.论结构思想与方法下的现代档案学研究[J].山西档案,2009(3):28—31.
⑤ 赵越.档案学概论[M].沈阳:辽宁大学出版社,1987:122—178.

步形成自己的研究方法体系。^① 至于新编的档案学概论教材(如冯惠玲、张辑哲主编的《档案学概论》,中国人民大学出版社 2001 年第 1 版和 2006 年第 2 版)对档案学方法论体系问题根本就不再提及。

陈永生认为,在档案学研究方法的分类体系问题上,不宜完全照套科学研究方法的分类体系模式,至少在目前还没有具备这样做的条件。因此,他将档案学研究方法从不同的角度划分为经验认识的方法(调查、观察和实验)和理论思维的方法(概念、判断、推理)、定性分析方法与定量分析方法。^②

据此,笔者对我国目前档案学方法论体系的认识,概括为"层次说""过程说"和"罗列说"。

第三节　档案学方法论体系的思考

俄国生物学家巴甫洛夫说过:"科学是随着研究方法所获得的成就而前进的,研究法每前进一步,我们就更提高一步,随之在我们面前也就开辟了一个充满着种种新鲜事物的、更辽阔的远景。因此我们头等重要的任务乃是制定研究法。"^③这不仅仅是对一项具体的科学研究活动而言的,一门学科的发展也是如此。档案学的发展同样离不开研究方法的演进。档案学作为一门社会科学,尽管某些具有自然科学特征的分支学科如档案保护技术学也加入了一些自然科学的研究方法,但长期以来基本上沿用社会科学的

① 吴宝康.档案学概论[M].北京:中国人民大学出版社,1988:250.
② 陈永生.档案学论衡[M].北京:中国档案出版社,1994:84—95.
③ [俄]巴甫洛夫.巴甫洛夫选集[M].吴生林,贾耕,赵璧如,等译.北京:科学出版社,1955:10.

研究方法。至于档案学方法论体系问题,笔者有以下几点思考。

1.档案学方法论体系问题的提出和探索,是档案学研究逐步走向发展成熟的一个重要标志。

我国档案学者在长期的档案学理论研究和学科建设过程中逐步摸索出多种行之有效的研究方法,如哲学方法(辩证唯物主义和历史唯物主义)、定性方法、定量方法、比较方法、系统方法、实验方法、逻辑方法、移植方法等,并取得了较为显著的成效。目前在档案学研究中,"在研究所采用的研究方法上,归纳方法的运用数量远远高于其他研究方法的使用,在此之后,个案研究方法、系统分析方法、调查研究方法、文献研究方法和历史研究方法也是档案学使用较多的研究方法"①。当然,在当今科学既高度分化又高度综合的趋势下,档案学要主动借鉴吸收相关学科中有益的研究方法,积极进行尝试。当着越来越多的研究方法被运用到档案学的理论研究和学科建设中来,我们必然面临着一个重要的问题,即如何将这些研究方法体系化,这也是档案学基础理论研究的一个重要内容。因此,尽管目前我们对于档案学方法论体系有着不同的理解和认识(这种"百家争鸣"也是档案学方法论体系走向成熟的必经之路),但档案学方法论体系问题的提出和探索,本身就是一种学术反思和进步,对这一问题的研究和探索,可以为档案学的进一步繁荣和发展提供系统的方法论指导。

2.对档案学方法论体系几种认识的分析。

在科学方法论体系中,"层次说"(尤其是"三层次说")是相对成熟最为流行的观点。因而,在档案学方法论体系中,"层次说"也

---

① 李弘彧.科学研究方法在档案学领域的应用评述——以 2010—2012 年《档案学研究》为研究对象[J].档案与建设,2014(8):4—7,12.

较易得到人们的认同和共鸣。究其原因,主要是由于"层次说"较"过程说"和"罗列说"具有理论建构性及与一般科学方法论的共通性等特点。但"层次说"也存在着一定的局限性,即这种分法不符合科学的分类原则。众所周知,哲学是揭示自然、社会和思维三大领域的最普遍规律的理论体系,如果将哲学方法与其他学科方法并列,必然造成分类的不对称,因此,"如果单纯按照适用范围来划分研究方法,就不应该单独列出哲学方法,因为一般方法的含义已经内在地包含了哲学方法"①。具体说,在"三层次说"中,哲学方法和一般方法都是适用于各门学科研究的"一般方法"。而档案学有否自己特殊的研究方法又存在着分歧,如果档案学没有自己特殊研究方法的话,则档案学方法论体系中的"层次说"事实上就只有一般方法一层,如此"层次说"也就没有存在的必要。

在科学方法论体系中,"过程说"和"层次说"构成了科学方法论体系的"一体两翼"。因为科学研究过程是研究课题、研究者和研究方法相结合的科学实践活动。"过程说"具有与研究进程的关联性和综合性等特点。档案学方法论体系中的"过程说"突出了研究方法与研究进程的关联性,从而有助于档案学研究者把握不同研究阶段对研究方法的不同需要,从而有效推进档案学研究活动以形成科学的研究成果。但"过程说"存在的问题主要是在某一环节(过程)可能会有多种方法可供选用,或者说,同一种方法可能可以运用于不同的环节(过程),如此,在将具体的研究方法在按过程进行划分时存在着一定困难。

正是由于档案学方法论体系中的"层次说"和"过程说"有着一定的局限性,因而有些学者提出了"罗列说"(可能他们自己否认提

① 刘蔚华.方法学原理[M].济南:山东人民出版社,1989:45.

出了什么档案学方法论的体系，笔者姑妄称之）。他们的初衷可能是由于档案学并无自己的特殊研究方法，因而认为"目前的主要问题并不是要急于去为档案学研究方法建构一个完整的体系，而是要解决档案学研究中如何做到灵巧自如地运用有关方法的问题。"①因而他们在阐述有关档案学研究方法时，更注重于罗列一些认为比较重要的研究方法加以论述，强调研究方法对研究活动的实效，而不是面面俱到。在这种"实用"思想的指导下，"罗列说"提供给我们的不是一个完整的档案学方法论体系，更关注的是研究方法对研究活动的适应性。在档案学方法论体系研究的初期阶段，"罗列说"可能是一个必经的阶段，但"罗列说"肯定不是一个理想的档案学方法论体系。因为，单独罗列研究方法时难免有一定的随意性，且也有一定的难度（因为有些方法之间相互交叉而不具有独立性），更主要的是"罗列说"体现不出档案学方法论的层次和体系，甚至说是无体系框架或框架支离破碎。

3. 档案学有否自己特殊的研究方法（专门方法）。

档案学研究的专门方法，是指档案学研究所专有的方法，即主要运用于档案学研究的有关领域，具有明显的档案学专业特点。但目前大多数学者认为，档案学并无自己专门的研究方法。②

笔者认为，档案学作为一门独立的学科，不仅应有自己独立的研究对象，更应有自己专门的研究方法。"一门学科只要产生并不断发展，肯定是会有自己的独特的研究方法的。只不过这些方法

---

① 　陈永生.档案学论衡[M].北京：中国档案出版社，1994：84.
② 　罗力在《也说档案学研究方法论——兼与芮国强、计啸同志商榷》（《档案管理》1994年第1期）一文中认为，档案的全宗理论、档案鉴定中的"直接鉴定法"、"六个特征"组卷等都是档案学的专门研究方法，但这种观点并未获得普遍认同。主要是大多数学者认为，他将学科的研究方法与工作方法混同起来了。

是被零散地、偶然地使用,而缺乏理论上的总结和归纳。"①有无自己专门的研究方法也是衡量一个学科成熟与否的重要标志。对档案学研究的专门方法的理解,关键是不能作形而上学、绝对化的认识。档案学研究的专门方法具有相对性,正如苏联图书馆学家 B. C.克列坚科指出的:"……绝对特殊的方法,即那种囊括认识的基本原理,囊括其他方法所不具备的手段的方法是没有的。所谓特殊,只在于对方法的选择利用以及方法的结合与隶属关系方面。"②因此,对于任何一种具体的研究方法,我们都可以从不同的层面(如"三层次说"中的哲学方法层面、一般方法层面、专门方法层面)去认识它,当着某一种具体的方法应用于档案学研究领域,并广泛吸收档案学研究的特有属性,体现出档案学的特殊规定性时,这种研究方法就成为档案学的专门研究方法。如作为一般研究方法的数学和统计学,当它们运用于图书馆学研究领域后,形成了图书馆学公认的专门研究方法——文献计量学。对此,有的学者会认为:"引入、借用一般方法或其他学科的研究方法,通过'贴标签',用档案学的名词术语置换,便算大功告成,产生出档案学研究的专门方法。"③这种担忧虽有一定道理,但话说回来,如果一定要寻求档案学研究的绝对的专门方法(即其他学科完全不具备的方法),恐怕是徒劳无益的。因此,笔者并不是说任何一种具体方法通过"贴标签"就可以成为档案学研究的专门方法,关键是看这种具体方法在运用于档案学研究领域时的应用面和结合程度的广度和高度上。不可否认的是,目前档案学研究的专门方法还处在发展之中,许多

① 吴慰慈,邵巍.图书馆学概论[M].北京:书目文献出版社,1985:37.
② 杜芸.简论图书馆学特殊研究方法[J].图书馆学刊,1999(5):25-26.
③ 陈永生.档案学论衡[M].北京:中国档案出版社,1994:84.

方法还未定型,需要我们去逐步发展完善。就目前来说,也许下面的这种观点更为务实且有一定的可取性:"现代学科发展的一个显著特点就是学科不断分化和整合,学科间相互渗透、相互交叉,一门学科想拥有自己独有的方法已不太可能。一个方法能适应本学科,那么也会在其他学科找到位置。因此,档案学不必刻意追求专门的方法,只要是科学的方法,能为我所用,能丰富和发展档案学基础理论研究就是好方法,就是档案学的研究方法。"①

行文至此,有些读者也许会失望。因为笔者尽管在文中对现有的各种档案学方法论体系作了剖析,但并未给出一个明确的档案学方法论体系。这主要是由于档案学方法论体系的建立和形成是一个长期的渐进的过程,"是档案学发展到一定程度或阶段的产物"②,目前要构筑一个科学、明确、实用的档案学方法论体系还有相当难度,档案学研究方法本身也处在不断的继承、整合、创新和发展之中,因而对于档案学研究方法的研究也需要我们不断为之努力。

① 纵浩.对档案学基础理论与历史的几点思考[J].海南档案,2005(2):1,4—5.
② 罗力.档案学研究方法研究述评[J].档案与建设,1994(6):7—9.

第七章　档案学范式之研究

自美国当代科学史家、科学哲学家托马斯·塞缪尔·库恩 (Thomas Sammuel Kuhn) 在其著名的《科学革命的结构》(The Structure of Scientific Revolution,1962 年)一书中将 paradigm(范式)①引入科学研究领域,并对其概念及理论进行了系统的阐述之后,范式一词开始在哲学领域流行,并逐渐渗透到了自然科学、社会科学及人文科学等领域。1980 年李宝恒、纪树立将库恩的《科学革命的结构》翻译成中文由上海科学技术出版社出版,由此引起了我国学术界的重视,纷纷将范式理论引入许多学科的研究之中。在此背景下,1991 年张国樑、潘天虹发表了《档案学的范型》②,此文是我国档案学研究引入范式理论的开篇之作,但并未引起我国档案学界的足够的关注和重视。此后沉寂了 12 年之久,直到 2004年,李珍、丁华东发表了《范式理论与档案管理探略》③一文,将范式

---

① 据我国学者李醒民在《库恩在科学哲学中首次使用了"范式"(paragidm)术语吗?》(《自然辩证法通讯》2005 年第 4 期)考证,在库恩之前就有人在科学哲学中使用 paragidm 术语或与之相近的术语。但不可否认,是库恩将该术语引入科学哲学研究领域后使之具有了广泛的学术影响并流行开来。

② 张国樑,潘天虹.档案学的范型[J].上海大学学报:社科版,1991(6):80—82.

③ 李珍,丁华东.范式理论与档案管理探略[J].湖北档案,2004(10):10—11.

正式引入了档案学的研究领域,此后每年都有相应的成果问世。至今,范式研究已经成为我国档案学研究中的一个热点问题,目前已初步形成了一支以丁华东、陈祖芬、倪代川、吴建华、孙大东等学者为代表的研究队伍,已有两本学术专著①和近百篇学术论文的研究成果。我国档案学范式研究取得了一定的成绩。然而,从现有档案学范式研究的成果看,依然存在着许多问题,如对范式内涵和科学共同体的理解多有不同,范式和研究范式以及方法、方法论和研究范式等混为一谈,从而导致档案学范式研究缺乏一个共同的基础,甚至得出的研究结论也截然相反,如有的学者认为我国档案学范式已经形成,而有的学者认为尚未形成。因此,有必要从范式理论的基本概念入手,正本清源,进一步探讨档案学范式的相关问题。

第一节　范式理论的基本概念

库恩的范式理论涉及许多基本概念,对于它们的正确理解是应用该理论的前提。现对其中最为重要的几个概念进行解析。

1. 范式。

Paradigm 源自希腊文,原意是指语言学的词源、词根,后引申为范式、规范、模式、模型、范例等含义。范式作为库恩范式理论体系中一个十分重要的关键性概念,属于科学哲学观的范畴,尽管他在著作中从不同学科、不同层次、不同角度对范式概念作了多重的

---

① 陈祖芬的《档案学范式的历史演进及未来发展》(世界图书上海出版公司 2010 年出版)和丁华东的《档案理论范式研究》(世界图书上海出版公司 2011 年出版)。

界定和说明,并没有给出一个明确的单义性解释,但其基本要义是十分明确的。"我选择这个术语,意欲提示出某些实际科学实践的公认范例——它们包括定律、理论、应用和仪器在一起——为特定的连贯的科学研究的传统提供模型。"①由于"具体的科学成就,作为专业承诺的一个焦点,要比可能是从其中抽象出来的各种概念、定律、理论和观点更在先"②,因此库恩选用范式概念的目的,主要是用来表示科学成就所取得的内在机制和社会条件,以及这种机制和条件构成的思想、信念的基本框架,一种先于科学研究的思想和背景。如此,范式也就成了科学共同体存在的基础,因为科学共同体成员必须具有共有的理论信念、价值取向、思维方式、概念系统和技术手段,范式恰恰就是凝聚科学共同体的一系列共同要素。

由于库恩的范式概念包含的内涵太多,事实上要真正理解掌握有一定的难度,因而我国学者在进行具体学科研究时对库恩的范式概念进行了深化发展,做出了自己的贡献。

叶澜将范式与研究范式作了区分。"范式的基本含义,即为学科的科学群体所认同,学科的内容和研究要素、过程、方法等形成的基本规范和结构式的框架。"③其中研究范式则仅仅是范式中与研究活动相关的方面,不包括学科原理、基本概念等与学科内容相关的方面。同时,她进一步将研究范式的结构从两个层面进行揭示,一是对科学研究从启动到反馈完整过程的形式抽象,二是不涉及研究活动的具体实践过程,而是将研究过程的形式抽象上升到

---

① [美]托马斯·库恩.科学革命的结构[M].金吾伦,胡新和,译.北京:北京大学出版社,2003:9.
② [美]托马斯·库恩.科学革命的结构[M].金吾伦,胡新和,译.北京:北京大学出版社,2003:12.
③ 叶澜.教育研究方法论初探[M].上海:上海教育出版社,1999:254.

科学哲学的高度,关系到对科学认识本质及合理性的研究(她称之为研究范式的深层结构)。①

任翔、田生湖根据研究视角和作用范围的不同将范式分为学科范式和研究范式。认为通常所说的范式都是学科范式,它以某个主导概念为核心,排斥对立的概念或者使之从属于自己。学科范式是和理论流派高度相关的术语,一种学派自然会有一种自身特定的范式,并以某个主导概念为核心,在一定程度上限制了学派的研究路径和逻辑操作。而研究范式则与研究过程或研究活动高度相关,它只指向研究活动本身,而不涉及学科的理论框架和具体内容等。研究范式作为一种研究者群体开展研究活动时所遵从的一系列规范的结构性组合,是针对问题域而言的,它可以超越学科疆域成为跨学科研究范式。因此,学科范式一定属于某一个特定的学科,而研究范式则不一定归属于某一个特定的学科,它可能横跨在几个学科之间。②

蔡建东认为,范式主要有两种用法。一种是总体上的、综合性地包含一个科学共同体一切共有信念。这种用法就是一般意义上的学科范式。由于学科范式最基本的话语是它的基本概念、范畴和理论体系,所以学科范式也常常被研究者称为"理论范式"。一种是把前者某一种特别重要的信念抽出来,构成前者的一个子集。研究范式关注的焦点是研究活动,它显然属于后一种用法。③

不管是认为库恩的范式概念中包含了研究范式,还是认为库

---

① 叶澜.教育研究方法论初探[M].上海:上海教育出版社,1999:286-287.
② 任翔,田生湖.范式、研究范式与方法论——教育技术学学科的视角[J].现代教育技术,2012(1):10-13.
③ 蔡建东.教育技术学研究范式:基本概念与研究框架的探讨[J].华北水利水电学院学报:社科版,2009,25(4):90-93.

恩的范式概念可直接分为学科范式和研究范式,或者认为库恩的
范式就是学科范式且从中可抽取出研究范式,都是对库恩范式概
念认识的深化。当然,笔者更认同将范式区分为学科范式和研究
范式,因为这更有助于从不同的层面去研究一门具体学科的范式
问题。"学科范式的意义和价值将从认识论、方法论和本体论三个
层面上体现出来,而研究范式的意义和价值更多地局限于方法和
方法论的层面上,而不直接涉及学科本体性的东西。"①

研究范式又与研究方法、方法论在研究活动中密切相关,但又
有本质的差别。

研究方法是认识和解决某一特定学科具体问题的具体做法,
如采用的具体研究工具、技术、手段、途径等。研究方法尽管会在
一定程度上受到研究者所持研究范式的制约,如持有实证主义研
究范式的研究者多倾向于量化的研究方法,而持有诠释主义研究
范式的研究者则更多倾向于质性的研究方法,但研究方法的选择
更多取决于具体研究对象的性质。且"具体方法只是技术性工具
和手段而不涉及前提性假设和分析路径,方法本身并不依附于研
究者的主观判断"②。方法论是有关研究方法的理论、原则和学说,
这是在反思和批判各种研究方法效用的基础上归纳提炼出来的,
它面对的是整个研究方法体系,而不是具体的研究方法。而研究
范式则面对从发现问题到校验结论正确性的整个研究活动过程,
它不仅包括研究方法和对象,也包括研究信念,甚至包括对研究结

---

① 任翔,田生湖. 范式、研究范式与方法论——教育技术学学科的视角[J]. 现代
教育技术,2012(1):10—13.

② 蔡建东. 现实、历史、逻辑与方法:教育技术学研究范式初探[M]. 北京:科学
出版社,2010:55.

论的价值判断等。可见,研究方法、方法论和研究范式都对研究者的研究活动起作用,但研究方法只对特定的具体研究对象起着具体操作的作用,方法论则对所有科学研究活动都具有普遍的指导意义,而研究范式则只对某一科学共同体的研究活动起作用。

因此,在研究方法、方法论、研究范式的概念体系中,从逻辑层面分析,研究方法处于最低层,方法论处于最高层,而研究范式则处于两者之间。

2.科学共同体。

科学共同体是与范式高度相关的概念。"'范式'一词无论实际上还是逻辑上,都很接近于科学共同体这个词。一种范式是、也仅仅是一个科学共同体成员所共有的东西。反过来说,也正由于他们掌握了共有的范式才组成了这个科学共同体,尽管这些成员在其他方面并无共同之处。"①可见,范式在本质上是和科学共同体相同的。

研究范式根据人类认识层次的定位,大致可以分为三个层级:第一层级是哲学层次,第二层级是科学层级,第三层级是具体的实践操作层级。② 如科学实证主义研究范式、诠释主义研究范式等属于哲学层次,这是超越学科界限的;历史学的批判史学研究范式、新叙事史学研究范式,经济学的古典政治经济学研究范式、凯恩斯主义经济学研究范式等都属于科学层级;如教育技术学基于设计的研究范式则属于具体实践操作层级。当然,某一研究范式也有

① ［美］托马斯·S.库恩.必要的张力——科学的传统和变革论文选［M］.纪树立,范岱言,罗慧生,等译.福州:福建人民出版社,1981:291.

② 任翔,田生湖.范式、研究范式与方法论——教育技术学学科的视角［J］.现代教育技术,2012(1):10－13.

可能在以上三个不同层级发挥作用。

科学共同体也是可以分层次的。库恩认为："共同体在许多层次上都有。在含义最广的层次上，是所有自然科学家的共同体。在稍低层次上的主要科学专业团体，有物理学家、化学家、天文学家、动物学家等的共同体。"同时指出"在科学中、在共同体中都有学派，即以不相容的观点来探讨同一主题"[①]。至于社会科学家共同体，库恩指出，与自然科学家共同体相比，"社会科学家关于正当的科学问题与方法的本质，在看法上具有明显的差异"，"不知怎的，天文学、物理学、化学或生物学的实践者对其中的基本问题通常并没有展开争论，而今日在比方说心理学家或社会学家中间对这些基本问题的争论则似乎已习以为常了。力图找出这种差异的来源，使我认识到此后我称之为'范式'（Paradigm）的东西在科学研究中所起的作用"[②]。可见，库恩事实上在研究范式和科学共同体时是倾向于自然科学和自然科学家共同体的。因为，库恩认为，自然科学各学科已经全部形成范式，而直到 20 世纪"少数社会科学中第一次出现了部分的一致意见"[③]，形成了自己的学科范式，如心理学、经济学。因此，笔者认为现在来研究科学共同体问题，必须将社会科学家包含进来，才更为完善科学。如此，科学共同体对应研究范式的层级也可以分为不同层级，首先是科学家共同体（包括自然科学家共同体和社会科学家共同体），其次是各个学科专业的

---

① ［美］托马斯·库恩.科学革命的结构［M］.金吾伦，胡新和，译.北京：北京大学出版社，2003：159.

② ［美］托马斯·库恩.科学革命的结构［M］.金吾伦，胡新和，译.北京：北京大学出版社，2003：序 4.

③ ［美］托马斯·库恩.必要的张力——科学的传统和变革论文选［M］.范岱年，纪树立，等译.北京：北京大学出版社，2004：228.

共同体,最后才是同一学科专业领域内的不同共同体,即学派。库恩通过考察科学共同体结构的历史变化情形,指出"一个范式支配的首先是一群研究者而不是一个学科领域"①。因此,学科专业领域内的学派才是科学共同体的根基。

3.常规科学。

常规科学是又一个和范式密切相关的概念。库恩认为:"'常规科学'是指坚实地建立在一种或多种过去科学成就基础上的研究,这些科学成就为某个科学共同体在一段时期内公认为是进一步实践的基础。"②"取得了一个范式,取得了范式所允许的那类更深奥的研究,是任何一个科学领域在发展中达到成熟的一个标志。"③学科范式的转变"就是科学革命,而一种范式通过革命向另一种范式的过渡,便是成熟科学通常的发展模式。"④

可见,在库恩提出的前科学→常规科学→反常→危机→科学革命→新的常规科学→新的反常与危机→新的科学革命……的科学演进动态模式中,这一科学演进过程实际上是学科范式从无到有以及转变的过程,即在前科学时期由于没有共同的范式,没有共同的规则和标准,研究者被迫为各自的领域重建基础,等到其中某一理论在相互竞争中胜出,成为科学共同体共同的信念,规定了科学研究的范围和方向,形成了自身的范式,表明这门学科逐渐成

---

① [美]托马斯·库恩.科学革命的结构[M].金吾仑,胡新和,译.北京:北京大学出版社,2003:161.

② [美]托马斯·库恩.科学革命的结构[M].金吾仑,胡新和,译.北京:北京大学出版社,2003:9.

③ [美]托马斯·库恩.科学革命的结构[M].金吾仑,胡新和,译.北京:北京大学出版社,2003:10.

④ [美]托马斯·库恩.科学革命的结构[M].金吾仑,胡新和,译.北京:北京大学出版社,2003:11.

熟,成为常规科学;在常规科学时期,研究中经常会出现反常现象,即出现与范式所预期的结果不相符合的现象,其中往往会通过调整范式解决,只有当无法通过调整范式解决反常现象时,危机就来临了,这时科学共同体会逐渐抛弃原来的范式,转而接受另一种新的范式,科学革命便发生了;新的范式形成,也就标志着新的常规科学的形成——便开始了新的常规科学时期。如此循环交替,不断推动学科的发展。

但是,作为常规科学进一步研究工作基础的"科学成就",在库恩看来必须具备以下两个特征:一是它能空前地吸引一批坚定的拥护者,使他们脱离其他竞争模式的科学活动;二是它足以无限制地为重新组成一批实践者(及其学生)留下有待解决的种种问题。也就是说这些科学成就要有魅力而不完善,这样才能进行常规科学的扫尾工作。"如果不是一门成熟科学的实际实践者,就很少有人会认识到一种范式给人们留下非常多的扫尾工作要做,而完成这些扫尾工作又是多么令人迷醉。"①

4.科学革命。

库恩认为,科学革命"是指科学发展中的非累积性事件,其中旧范式全部或部分地为一个与其完全不能并立的崭新范式所取代"②。尽管库恩强调在科学的发展过程中是常规变化和革命变化交替发生作用的,但是,在库恩看来,科学的发展主要是革命变化推动的。"每一次革命都迫使科学共同体抛弃一种盛极一时的科

---

① [美]托马斯·库恩.科学革命的结构[M].金吾伦,胡新和,译.北京:北京大学出版社,2003:22.

② [美]托马斯·库恩.科学革命的结构[M].金吾伦,胡新和,译.北京:北京大学出版社,2003:85.

学理论,而赞成另一种与之不相容的理论。每一次革命都将产生科学所探讨的问题的转移,专家用以确定什么是可接受的问题或可算作是合理的问题解决的标准也相应地产生了转移。而且每一次革命也改变了科学的思维方式,以至于我们最终将需要做这样的描述,即在其中进行科学研究的世界也发生了转变。这些改变,连同几乎总是伴随这些改变而产生的争论一起,都是科学革命的决定性特征。"①

　　由于处于相互竞争状态中的诸范式或诸理论之间本质上具有不可通约性,同样科学革命中的新范式也并非来自被替代的范式或者是被替代范式的累积性叠加。拒斥一个范式需要拒斥其基本假设以及科学研究的基本规则,它们与新范式的基本假设和规则不相容,具有不可通约性。如果新旧范式的基本假设并非不相容,那么新颖性总是可以在旧范式的框架内得到解释,危机总是可以避免。因此库恩才指出:"我们应承认相继范式之间的差异是必然的和不可调和的。"②革命不是积累的过程,而是转变的过程。但事实上目前许多学者对库恩的新旧范式之间的不可通约性是颇有质疑的。

第二节　档案学范式研究的意义

　　范式理论属于基础工具理论范畴,而基础工具理论研究的深

---

① [美]托马斯·库恩.科学革命的结构[M].金吾仑,胡新和,译.北京:北京大学出版社,2003:5—6.

② [美]托马斯·库恩.科学革命的结构[M].金吾仑,胡新和,译.北京:北京大学出版社,2003:94.

度是衡量一门学科成熟与否的重要标志。档案学作为一门社会科学,引入库恩的范式理论开展档案学范式研究,对于推动档案学的发展具有十分重要的意义。

目前档案学界关于档案学范式或档案学范式研究的意义,主要有以下两种说法。

丁华东认为,范式的学术功能表现为对科学研究起着规范、指导科学研究,引发科学研究的革命,促发研究者主体意识的觉醒。① 随后,他又专门阐述了范式研究的认识论意义,即强调研究主体认知活动的相对独立性、反思性,强调对学科认识的整体性,强调认识论上的群体主体性。②

倪代川认为,档案学范式研究具有元科学性质,因而对档案学范式研究本身进行思考和评析,无论是对档案学范式研究的进一步开展还是对档案学理论研究的深入来说,都具有非常重要的意义,并从四个方面具体论述了档案学范式研究的元科学意义,即拓展元档案学层面研究范畴,扩展档案学理论研究外延;规范档案学学术研究,提升档案学学术研究理论层次;厘清档案管理范式演进,指导档案实践活动;分析档案学学科范式,强化档案学学科地位。③ 随后,他又进一步揭示档案学范式理论研究对档案学学科发展的意义,认为档案学范式理论研究能指导和规范档案学研究,形成档案学研究范式;激发档案学人的主体意识,促进档案学学术发展;强化档案学学科独立性,捍卫档案学学术尊严;提升档案学研

---

① 丁华东.论档案学研究的主体意识与学科范式的建构[J].档案学通讯,2005(2):8—11.

② 丁华东.档案学范式研究的认识论意义及其题域[J].档案学研究,2007(3):3—5,13.

③ 倪代川.档案学范式研究的元科学意义[J].湖北档案,2006(11):16—18.

究理论深度,拓展档案学元科学研究。①

显然,丁华东对于范式的学术意义和范式研究的认识论意义的揭示,虽然没有具体结合档案学的学科来展开阐述,在一定程度上影响了说服力,但对于认识档案学范式研究的意义还是具有很大的启发作用。倪代川尽管对档案学范式研究的元科学意义和档案学学科发展的意义作了较为全面详尽的阐述,但感觉两种意义的揭示略显交叉混乱。

为此,笔者认为,档案学范式研究的意义主要可从以下三个方面揭示。

1. 从研究内容看,档案学范式研究拓宽了档案学研究的范围和领域。

档案学范式研究给档案学的理论研究注入了新的血液,并促进档案学理论研究的深入。档案学范式研究,不仅要研究档案学范式自身的理论问题,如档案学范式的概念、内涵与外延问题,而且还要运用范式理论从科学哲学的视角去考察阐释档案学学科的发展进程及相关问题,如档案学共同体、档案学常规科学阶段问题等。可见,档案学范式研究不仅是档案学元理论研究的一个重要内容,而且也为档案学元理论的研究提供了新的研究方法"平台"。

2. 从研究方法看,档案学范式研究可指导规范档案学的研究活动。

范式不仅是科学共同体开展科学活动的基础,而且在科学研究活动中起着世界观和方法论的统摄作用。因此,档案学范式作为档案学共同体成员共享的信仰、价值、技术等等的集合,具有高度的公认性,可以为档案学共同体内成员的研究活动提供研究方

① 倪代川,聂云霞.论档案学范式研究的学科意义[J].档案管理,2007(1):25—27.

向和可供选择的研究方式,从而在研究活动中协调成员个体与共同体群体之间的关系,确保他们能够共享范式,指导规范自己的研究行为。

3. 从研究结果看,档案学范式研究能够推动档案学学科的进一步发展。

范式理论的引入,必将导致对档案学学科基础理论问题进行整体性的深入反思,并在此基础上把握档案学学科发展的内在逻辑,从而通过新的研究视角——立足于宏观抽象层面来强化档案学学科自身基础理论的研究,促进档案学学科的发展和成熟。

库恩的范式概念和范式理论,虽然获得了国际学术界的高度赞誉,但他的范式理论和科学观在学界又有极大的争论。可见,库恩的范式理论不是完美无缺的,是有待进一步完善的。因此,将库恩的范式理论引入档案学领域,既要注意其积极意义的一面,也要看到消极意义的一面。如果盲目将库恩范式理论中有关范式、多元化、不可通约性、科学革命等概念和理论,在档案学范式研究中一股脑儿进行简单的移植和套用,难免会出现偏差。因此,在档案学范式研究中,需要对库恩的范式理论重新进行审视与修正。

第三节　档案学范式的研究现状及其评析

目前,我国档案学界有关档案学范式的研究成果不少,研究内容也非常丰富,从档案学范式、档案学共同体的概念及其在档案学科学研究活动和档案管理实践中的应用研究乃至对档案学范式研究自身的意义揭示等都有涉及。现择要评析如下。

1.档案学范式的概念问题。

大多数学者只是直接将库恩的范式概念移植到档案学之中，只有少数学者对档案学范式的概念作了解释。如陈祖芬认为："档案学范式应当是档案学共同体共有的经验研究、理论研究、方法论和世界观的总和。"① 张娟、管飒爽认为："档案学范式是指档案学科共同体公认的'模式'，它包括共同体成员从事科学研究、开展实践活动所遵循的价值取向、思维方式、理论主张、方式、方法、范例、准则等的总和。"② 骆琼、吴建华认为："'档案学范式'研究的是档案学的'学科范式'，是指档案学研究者在某一学术价值观的指引下，在学术研究中共有的思维模式或'知识框架'。基本理论、基本观点、研究方法是范式的组成部分，理论范式、研究范式、经验范式等是档案学范式的不同层面。"③ 范式作为一个由一系列要素构成的系统性概念，由于库恩对范式概念的内涵缺乏明确的界定，因而在以上档案学范式概念的解释中同样存在着一定的主观随意性，让人不易把握。

为此，笔者更倾向于对档案学范式概念进行分类描述和揭示。

档案学范式可分为学科范式和研究范式两种。档案学学科范式是指档案学共同体公认的以某个主导概念为核心的基本概念、范畴和理论体系。作为核心的主导概念不同，自然会导致构筑的学科理论知识体系的不同，也就形成了不同的学科流派。如以（广义的）文件为核心概念的广义文件学派和以档案为核心概念的传

① 陈祖芬.档案学范式的历史演进及未来发展[M].上海：世界图书出版公司，2010：22.
② 张娟，管飒爽.档案学范式研究的源动力及切入点[J].档案与建设，2013(5)：12－15,7.
③ 骆琼，吴建华.论档案学范式的整合发展[J].档案与建设，2016(1)：14－17,21.

统档案学派就是目前处于竞争状态的两种不同的档案学学科范式。这两个学派由于共有的信念不同,导致对许多相同问题的研究,如关于文件与档案的关系、文书学和档案学的关系、档案学的逻辑起点、档案学的研究对象、文件生命周期理论的适用性等问题,两者的研究视角、路径、逻辑操作各不相同,研究结论也完全不同。

由于研究范式不一定归属于某一特定的学科,因而从目前来看,档案学研究中似乎还未形成自己特有的研究范式。最多只能说,档案学作为一门社会科学,目前我国档案学者大多数是持有诠释主义研究范式的研究者,更多倾向于质性的研究方法。

因此,可以说,档案学范式的研究,其实研究的就是档案学的学科范式。笔者对于目前档案学范式研究中存在的档案学范式、学科范式、理论范式、研究范式、经验范式、管理范式等各种称谓觉得不妥,因为它们主要是从其他学科范式研究中简单移植过来的,既导致档案学范式研究的泛化,也缺乏档案学自身学科实践的支撑。

2.档案学共同体问题。

由于科学共同体是由共有一个范式的人组成,因此档案学共同体也是由共有一个档案学范式的人组成。如"档案学共同体是进行档案科学研究,共有档案学范式的科学共同体。他们是遵循着共同的档案学范式、致力于档案学学习、研究和实践的一群人,是科学主体"①。"就档案学学术共同体而言,这是一个由受到一定档案学教育背景和学科训练的学者构成的群体,该群体以肩负共

---

① 陈祖芬.档案学范式的历史演进及未来发展[M].上海:世界图书出版公司,2010:28.

同的历史使命,秉承共同的价值理念,遵循共同的学术规范和维护
共同的学术尊严为特征"。[①]　显然,目前档案学界使用档案学共同
体或档案学学术共同体的概念基本上是从科学共同体这一概念移
植过来的,对其概念的理解也基本上是从科学共同体共有一个范
式的角度来阐释的,从而很难理解档案学共同体具体到底是由什
么样的成员来建构的。

　　正是由于范式概念本身缺乏一个明确的释义,导致对于科学
共同体的认定会有一定的困难,因而库恩在"后记——1969"中专
门提出用"学科基质(disciplinary matrix)"取代"范式"一词,并认为
学科基质主要包含四个要素(不仅仅只有四个,可以扩充):(1)"符
号概括"。它们是学科基质中形式的或易于形式化的成分,通常以
符号形式出现,也有用文字表述的。(2)"形而上学范式"或"范式
的形而上学"部分。这是共同体成员共同承诺的信念,甚至可以把
这种承诺描述为相信特定的模型,这种模型从启发式的到本体论
的多种多样。(3)"价值"。学科价值是比符号概括和模型更能为
不同的共同体所广泛共有,并受科学家的个性和经历等影响而可
以有极为不同的应用,说明共同体成员并不都以相同的方式应用
共有的价值,而这对科学的发展起着不小的作用。(4)"范例"。主
要是学生在受科学教育时所遇到的具体问题的解答以及某些期刊
文献中常见的技术性问题的解答。比起学科基质中的其他成分,
各组范例之间的不同更能提供给共同体以科学的精细结构。[②]

---

① 饶圆.论中国档案学者的使命与学术共同体的建构[J].山西档案,2007(3):
　　20—22.
② [美]托马斯·库恩.科学革命的结构[M].金吾仑,胡新和,译.北京:北京大
　　学出版社,2003:163—168.

　　学科基质的提出，比原来范式概念的内涵更为具体明确。但作为一个科学共同体共有一个范式是否意味着必须包含全部学科基质的各个要素？库恩认为学科才是所共有的财产，基质各个要素形成一个整体在科学共同体中起作用。① 事实上，库恩后来在《再论范式》②一文中指出，"直观地看，科学共同体是由一些学有专长的实际工作者所组成。他们由他们所受教育和训练中的共同因素结合一起，他们自认为也被人认为专门探索一些共同的目标，也包括培养自己的接班人。这种共同体具有这样一些特点，内部交流比较充分，专业方面的看法也比较一致。同一共同体成员很大程度上吸收同样的文献，引出类似的教训。不同的共同体总是注意不同的问题，所以超出集团范围进行业务交流就很困难，常常引起误会，勉强进行还会造成严重分歧。"由于科学共同体可以分很多级，越往下分就越困难，甚至个别最有才能的科学家"将同时或先后属于几个集团"，但对于科学共同体认定最根本的认识依据是"符号概括、模型、范例"。最后，他认为考查一个科学共同体成员的资格，不能只用共有规则说明这个集团的研究行为，共有的成功事例也可以为集团提供它所缺乏的规则。"事例就是它的范式，而且是以后的研究所不可缺少的。但不幸我走得太远了，把这个词的用法扩展得太广，竟包括集团所有的共同规定，所有我现在愿称之为专业母体的各种成分。结果不可避免地引起了混乱，模糊了当初引进这一专门用语的根据。但根据依然存在。"可见，库恩对

① ［美］托马斯·库恩.科学革命的结构［M］.金吾仑，胡新和，译.北京：北京大学出版社，2003：163—164.
② ［美］托马斯·S.库恩.必要的张力——科学的传统和变革论文选［M］.纪树立，范岱言，罗慧生，等译.福州：福建人民出版社，1981：289—313.

科学共同体的认定将比较虚的学科价值等排除在外,剩下的是实实在在的共有规则——符号概括、模型和范例。

如此,档案学共同体是一个层次性的概念。从宏观角度看,相对于其他学科而言,档案学共同体无疑是一种独立的存在。从学科自身角度看,在档案学专业领域内,共同体针对的是不同群的研究者,即不同的学派。如笔者前述提到的广义文件学派和传统档案学派,就是档案学研究者因着共同的信念自愿聚集在一起,有着共同的学术追求;又如陈祖芬认为"中国档案学共同体中已经有了电子文件亚共同体的存在"①。由于目前档案学共同体正处于自发形成阶段,档案学研究者围绕特定的研究领域逐步进行定向聚合,会逐渐形成不同的共同体。当然,邢变变、孙大东提出要加强档案学共同体的自主建设,并从档案学共同体的成员准入、建设层次和核心要素三个方面做了有益的探索②,但笔者不大认同他们将中国档案学共同体从学科分类角度分为档案学史(包括档案事业史)共同体、档案管理学共同体、档案保护技术学共同体、档案编纂学共同体、档案学其他共同体等,因为这只是研究领域的区分,并不意味着共同研究领域的成员就一定会有共同的范式。

3.档案学常规科学问题。

目前档案学是不是一门常规科学,这是一个十分重要的问题。关于这个问题,目前有两种不同的认识。如陈祖芬从档案学研究活动的状态和范式的内涵层次分析了档案学进入常规科学时期的应然条件,认为中国档案学已经是一门常规科学,并具体界定中国档案学成为常规科学的时间是 20 世纪 60 年代,标志是 1956 年 4

① 陈祖芬.档案学范式演进中的学术热点[J].档案学研究,2010(4):13—16.
② 邢变变,孙大东.对中国档案学共同体的思考[J].档案学通讯,2014(4):27—31.

月 16 日国务院发布的《关于加强国家档案工作的决定》,因为该法规文件标志着中国全面接受与来源原则一脉相承的全宗原则的范式。① 而孙大东认为,目前我国档案学理论发展缓慢、研究水平不高、学科处于弱势、研究共识较少,并进一步分析认为来源原则只是档案学形成的标志,来源原则作为档案整理与分类的至善原则也不可能在将来档案学发生科学革命时被抛弃,因此来源原则并不具备范式的意义和价值,因而断定中国档案学范式尚未形成。②

笔者在 1995 年的论文中指出,当时我国档案学正处在由前科学向常规科学过渡的时期③,在 2007 年的论文中则认为我国档案学已是一门常规科学④。对此,有学者认为我"1995 年的判断观点明确、理由充足,而 2007 年的论述缺乏自我判断,更多表现出来的是从众心理"⑤。的确,2007 年的论文因为不是专门研究档案学常规科学问题的,可能语焉不详。在此笔者再做说明。

笔者通过对我国档案学研究活动的考察,认为 20 世纪八九十年代我国档案学处于由前科学向常规科学过渡的时期,而进入到21 世纪以来,我国的档案学已经成为一门常规科学。

首先,从我国档案学研究活动现实状况考察,进入 21 世纪以后,我国的档案学研究尽管存在这样或那样的问题,但有一点是明

---

① 陈祖芬.档案学范式的历史演进及未来发展[M].上海:世界图书出版公司,2010:49-53.
② 孙大东.中国档案学范式尚未形成——基于批判性视域的考量[J].档案学研究,2016(5):16-20.
③ 潘连根.从科学学的角度看档案学的学科体系[J].山西档案,1995(4):12-13.
④ 潘连根.要重视档案学基础理论——文件、档案本体的研究[J].浙江档案,2007(4):8-10.
⑤ 孙大东.中国档案学范式尚未形成——基于批判性视域的考量[J].档案学研究,2016(5):16-20.

确的,档案学研究者已经自觉地从现象描述为主转入理论本质的研究阶段。特别是由于作为现代档案学重要理论基础的文件生命周期理论的引入,经过 20 世纪八九十年代的争论消化,至今已经形成了广义文件学派和传统档案学派两大学派,从而结束了档案学前科学时期的"多重态",基本达成了两家共存的局面。

其次,由于"一个范式在它最初出现时,它的应用范围和精确性两方面都是极其有限的。范式之所以获得了它们的地位,是因为它们比它们的竞争对手能更成功地解决一些问题,而这些问题又为实践者团体认识到是最为重要的"①,因此,和以档案概念为学科范式核心概念的传统档案学派相比,作为后来者的以(广义)文件概念为学科范式核心概念的广义文件学派,尽管目前这种学科范式在应用范围和精确性方面和前者还有差距,且也没有一套完整的规则("事实上,范式的存在并不意味着任何整套规则的存在"②),但它在解决档案学中的一些基本理论问题(如文件/档案的定义、文件与档案的关系、文件的运动规律等)和档案工作实践中的重要问题(如文档管理一体化、电子文件的全程鉴定和管理等)方面具有自身的学科范式优势,也就是较传统档案学派具有更强的解题能力。因此,广义文件学派的出现有其必然性。就目前来说,这两大学派尚处于共存的竞争之中,谁也不能替代谁。

最后,档案学成为一门常规科学是一个过程,不可能有一个非常明确的具体时间点。因为一个范式的形成到发展成型是有一个

---

① ［美］托马斯·库恩.科学革命的结构［M］.金吾仑,胡新和,译.北京:北京大学出版社,2003:21.
② ［美］托马斯·库恩.科学革命的结构［M］.金吾仑,胡新和,译.北京:北京大学出版社,2003:41.

过程的,不可能一蹴而就。因此,实在不能以该学科范式中具有影响的某本著作或某种理论出现的时间来界定该学科特别是社会科学成为常规科学的时间点。尽管库恩揭示的科学发展并非连续性的过程,而是以一系列的中断与"常规科学"和"科学革命"之间交替的过程为标志,但笔者认为新旧范式的转换也是有一个过程的,新范式取得统治地位更是需要一个过程的。更何况,在常规科学时期是应该允许多元范式的共存和竞争的。正如后现代主义者费耶阿本德指出,包括常规科学和科学革命阶段,都需要多种理论的共同竞争,从而以辩证统一的、多元主张来反对唯某种范式标准的专制。①

4.档案学科学革命问题。

关于目前档案学是否处于科学革命时期的问题,由于国内档案学者目前主要关注的是中国档案学是否属于常规科学时期的问题,因而对此基本上没有关注;但国外有些档案学者如休·泰勒、泰·托马斯、埃里克·凯特拉等认为档案学已经发生科学革命,实现了范式的转换。对此陈祖芬通过较为详细的分析,认为档案学已经完成了科学革命的观点需要存疑。②

其实,从目前档案学发展的现状来看,由于档案管理实践环境的变化,如信息技术革命的背景下,电子文件的大量涌现、传统档案的数字化等,确实会导致档案管理活动的管理观念、管理内容、管理方式方法的改变,甚至也会出现新的理论知识,但对档案学原

---

① 陈君.多元共生:费耶阿本德超越库恩的一种人本解读[J].兰州学刊,2013 (3):20—24.
② 陈祖芬.档案学范式的历史演进及未来发展[M].上海:世界图书出版公司, 2010:84—90.

有理论体系并未出现颠覆性的革命。又比如丁华东以档案属性为
基准建构的档案学理论范式——档案史料整理理论范型（传统范
式）、档案文件管理理论范型（传统范式）、档案信息资源管理理论
范型（主流范式）、知识管理理论范型（前沿范式）、社会记忆理论范
型（前沿范式）①，尽管他将它们区别为传统范式、主流范式、前沿范
式，但笔者认为它们都是并存的范式，绝不是范式之间的转换而发
生了科学革命。当然，笔者对于他从档案管理实践层面来构建档
案学范式，将档案管理理论范式（事实上笔者更倾向于认为是档案
管理模式②）等同于档案学范式是否合适，可以进一步研究。因为
从管理的模式（注意不是范式）改变还可以从不同角度来概括，如
史料管理模式、记录管理模式、信息管理模式、证据管理模式等。
纵观整个人类管理活动，从管理依循的知识形式、权力运行形态、
主导性的实践逻辑及主要管理途径等方面展现的差异性，按照不
同时代大体有经验管理模式、科学管理模式、文化管理模式 3 种形
态，但这 3 种模式是从思想史上提炼出来的理念型模式，是对管理
实践的逻辑审视，它们是并存的，并非绝对相互排斥，其依据的理

---

① 丁华东.档案学理论范式研究[M].上海：世界图书出版公司，2011：99－251.
② 从丁华东原来的《论档案学研究的主体意识与学科范式的建构》（《档案学通
　　讯》2005 年第 2 期）、《档案管理范式的转型与社会变迁》（《档案学通讯》2006
　　年第 6 期）等论文来看，作者的提法有变化，从"档案史料管理研究范式""档
　　案实体管理研究范式""档案信息资源管理研究范式""档案知识管理研究范
　　式"到"史料管理范式""信息资源管理范式""知识管理范式"以及"档案管理
　　在当代的史料、信息、知识、文化、社会记忆等多元范式的呈现"，再到其专著
　　《档案学理论范式研究》中的上述称呼，笔者认为这种变化虽然反映了丁华东
　　对于档案学范式的认识更加系统深化，但本质上来看，将档案学的研究范式
　　改为档案管理范式、再改为档案管理理论范式，并无本质的变化，可能是为了
　　更接近库恩对于范式的定义而改称为理论范式。

论也是可以包容整合的。①

　　因此,从目前来看,档案学并未发生科学革命,所有档案管理实践中面临的新课题、新问题、新现象,都还只是属于常规科学时期的"解谜"活动。

第四节　档案学范式研究的启示

　　从目前初步的档案学范式研究中,可以给我们提供两点启示。

　　1.档案学领域引入范式理论具有必要性和适用性。

　　从已有研究成果看,档案学作为一门社会科学,本质上范式理论应该是能够适用,研究的基础是存在的,研究的成果是具有启发性的。同时,进行档案学范式研究,除了可以给我们提供了一个新的研究切入点,增加一个新的研究领域,还能够增强对档案学学科理论研究的反思力度,把握档案学学科发展的规律,激发档案学者的主体意识,提高了研究的自觉性,从而有助于促进档案学学科的进一步发展。

　　2.档案学范式研究中,既要正确理解库恩的范式理论,更要在研究中结合档案学的实际状况,对库恩的范式理论加以修正完善。

　　库恩范式理论有一系列的概念,如何理清相关概念的关系,构筑一个共同对话的基础,从而避免出现档案学范式研究者之间互不理解各自表述概念的尴尬状况。何况库恩范式理论本身就存在许多争议,他自己也在努力修正完善。如他曾经过分强调新旧范式的革命性而忽视新旧范式的继承性,但后来他也认为不可通约

---

① 胡国栋.科学哲学视角下管理学的学科属性、理论拓展与范式整合[J].管理学报,2006,13(9):1274-1284.

性不是不可比较,更近乎不可翻译性,承认了一定程度上的"部分交流","但始终未能完满地表达新旧范式之间既继承又变革的辩证关系"①,事实上后一范式对前一范式是可以继承深化的。因此,对库恩的范式理论,在档案学研究中,切不可简单的照搬照抄,要注意正确解读科学的范式理论,发挥其积极的影响。

---

① 曹军辉,祝小宁.范式理论的马克思主义审视与重建[J].成都理工大学学报:社会科学版,2011,19(3):55-59.

第八章　档案学术语规范化之研究

　　术语的存在"与人类具有同样悠久的历史。随着语言的产生，专门用语就出现了"①。术语是"各门学科中的专门用语。每一术语都有严格规定的意义"②。术语可以是词，也可以是词组，用来正确标记生产技术、科学、艺术、社会生活等各个专门领域中的事物、现象、特性、关系和过程。在我国，人们更习惯将其称为名词（不同于语法学中的名词）。不过，从严格意义上来说，"名词与术语是两个不同的概念，相互有着特殊的关系。名词是上位概念，术语是下位概念。但又有交叉、包含现象，即有相当一些专业名词兼是专业术语；相当一部分专业术语名词化后，被专业人员收进了专业词典或专业词表。一般而言，一个名词表达一个概念，一个术语中包含一个或几个概念"③。具体说，术语特别强调专指性，即在某一特定的专业范围内是单义的，如计算机学科中的"上传""下载"，但也有的术语属于两个或两个以上的专业，如"运动"分别标记政治、哲

---

① ［加拿大］G.隆多.术语学概论［M］.刘钢,刘健,译.北京:科学出版社,1985:1.

② 辞海编辑委员会.辞海［M］.上海:上海辞书出版社,1990:1406.

③ 邱德勇.中国名词和术语工作的发展历程［J］.中南林业科技大学学报:社会科学版,2007,1(3):126-130.

学、物理和体育四个领域的不同概念。

　　术语产生于特定的学科或专业领域，不同的国家由于语言的差异及科技文化背景的不同，对于同一事物或概念有可能会有内容相同而形式不同的术语，即便是同一国家同一语言内也有可能出现同一事物或概念有几个不同的名称，这种"同义现象会导致术语使用的混乱"①。术语的混乱，必然导致国际国内学术交流的障碍，因此术语的规范化就成了科技工作者必须面对的问题。

第一节　档案学术语规范化建设的回顾与现状

　　科学学的研究表明，任何一门学科，都必须有表达该学科知识领域基本概念的术语，这"是判断一个学科能否成立的关键条件"②。档案学作为一门独立的学科，同样具有自己的专门用语，即档案学术语。

　　我国的术语规范工作有着悠久的历史，但真正把术语学理论正式纳入术语标准化的议事日程，则始于 20 世纪 80 年代。1985 年 4 月经国务院批准成立全国自然科学名词审定委员会（1996 年更名为全国科学技术名词审定委员会），至今已组建各学科名词审定委员会 61 个，已公布了天文学、物理学、生物化学、医学等 66 种规范名词，出版了 5 种海峡两岸科技名词对照本和 8 个学科的繁体字本，对科研、教学和学术交流起到了很好的作用，为我国科技名词统一工作奠定了基础。与此同时，1985 年 10 月国家技术监督局

---

① 冯志伟.术语学中的概念系统与知识本体[J].术语标准化与信息技术,2006 (1):9—15.

② 郑述谱.术语学是一门独立的综合学科[J].国外社会科学,2003(5):53—58.

成立了全国术语标准化技术委员会，组织制定了指导术语工作的基础性标准，如《确立术语的一般原则与方法》(GB10112—88)、《术语标准编写规定》(GB1.6—1997)等，这些标准所确立的工作原则与方法是以现代术语学的理论和实践为依据的，因而适用于各个知识领域（包括社会科学领域）的术语工作。

关于档案学术语的规范化建设，可从国际和国内两个层面来看。

从国际上看，1969 年国际标准化组织成立了文献标准化技术委员会，专门从事有关图书、档案、情报和出版领域的标准化工作。而国际档案理事会术语委员会则早在 1964 年就出版了欧洲国家常用的档案词汇汇编《档案术语词汇》，1977 年又组织各国专家编辑出版了多语种的《档案术语词典》，该词典于 1984 年正式出版。(1988 年该词典经丁文进、何嘉荪、方新德、许士平编译，取名《英汉法荷德意俄西档案术语词典》，由档案出版社出版。)与此同时，当时的不少国家如美国、民主德国、苏联等都进行了相关档案学术语规范工作，如我国学者黄坤坊就参考苏联 1980 年版的《社会主义国家现代档案术语词典》和国际档案理事会 1984 年版的《档案术语词典》等编著了《俄英汉档案学词典》(中国人民大学出版社，1991 年)。

从国内来看，我国档案学术语规范化建设起步较晚，究其原因：一是与我国档案学的学科发展历史及水平有关。我国的档案学产生于 20 世纪 30 年代，尽管任何一门学科都是从研究本学科的术语概念开始的，但一门学科术语规范化的系统研究则往往是学科发展到相对成熟的阶段才会重视。因此，结合我国档案学的发展历程，在 20 世纪 80 年代之前，我国的档案学术语规范化建设基本上是空白。二是与我国术语标准化工作的大环境有关。我国的术语标准化工作始于 20 世纪 80 年代，国内档案学术语的规范化建设基本上与此同步。当时,我国档案学建设在"文革"结束后开始了新一轮的快速发展,学科体系初具规模,国内外的学术交流日益频繁,因而无论是档案学的理论研究还是档案工作的实践,都迫切希望术语的规范统一,再加上国家对于科技术语标准化工作的重视和推进,推动了我国档案学术语规范化建设的开展。在此背景下,国家档案局于 1983 年成立了"档案工作标准化领导小组",领导小组在 1985 年成立了术语标准研究制订小组,开始了我国档案工作术语研究和标准的起草工作,并于 1988 年完成了《档案工作基本术语》(专业标准报批稿),1992 年经国家档案局批准,同年 10 月作为行业标准(GA/T1—1992)颁布实施。至此,历时 8 年的档案工作术语标准制订工作取得了阶段性成果。该标准于 2000 年又重新修订,《档案工作基本术语》(DA/T1—2000)已成为目前我国档案领域使用最广的术语标准。此外,还编辑出版了有关的档案学名词术语词典、辞书等,如牛创平等主编的《英汉档案学词汇》(档案出版社,1987 年)、陈兆祦、黄坤坊编著的《简明档案学词典》(中国档案出版社,1993 年)、《档案学词典》(上海辞书出版社,1994 年)、《中国大百科全书·图书馆学情报学档案学》(中国大百科全书出版社,1993 年)。

尽管目前我国的档案学术语规范化建设已取得了一定的成绩,但从总体上看,无论是档案学术语的理论研究还是档案学术语工作的实践,都存在着一些问题。

首先,档案学术语的理论研究较为薄弱。早在 20 世纪 80 年代,我国已有学者提出了建设档案术语学的构想,如吴宝康教授就认为档案术语学"是需要研究和建设的一门新的档案学分支学科"①,但至今仍没有系统研究档案学术语的成果。有学者经过文献计量的分析研究后得出结论:"建国以来对档案术语方面的研究相对于其他主题来说,所刊登的论文是相对较少的,而对于档案术语规范化和标准化方面的研究更为薄弱。"②档案术语学这门分支学科至今也没有真正建立起来。

其次,档案学术语理论研究的不足,导致在档案工作实践和档案学理论研究中相关术语使用的混乱。档案学术语使用的混乱现象由来已久。一是由于习惯用语的随意使用,如"档案材料""文件材料""文书材料","案卷""卷宗","问题分类法""事由分类法"等。二是档案工作实践领域的拓宽深化,导致新的名词术语大量产生,如"电子文件""电子公文""电子档案""数字档案","民生档案","网络档案"等。三是在当今学科高度分化又高度综合的背景下,档案学与相关学科相互交叉、相互渗透,产生了诸如档案法规学、档案社会学、档案心理学、档案信息学等交叉分支学科,而这种学科之间的交叉渗透又是以相关概念的渗透移植为基础的,如此就会出现一大批新的档案学术语,如"档案法规""档案用户心理""档案信息"等等。四是随着国际档案界交往的日益频繁,外来档案学术语的引进也越来越普遍,这就面临着一个如何进行科学翻译的问题。如 oral archives 就有口述档案、口述历史、口述史实、口述记录等译法,就连档案学最基本的术语 record 到底译成"文件"还是"档案"或"记录"也无定论③。

---

① 吴宝康.档案学概论[M].北京:中国人民大学出版社,1988:236.
② 代晓明,魏扣.档案学科术语规范化研究初探[J].北京档案,2013(5):16-19.
③ 参见王岚的《文件还是档案——为 records 正名》(《档案学研究》2009 年第 5 期)和宋群豹的《再谈 Record 的翻译之争:文件或档案外的第三种可能》(《档案学通讯》2014 年第 4 期)。

　　档案学术语这种使用混乱、含义不明的问题,不仅存在于有关档案工作的法规、标准中,还大量存在于有关的论著中。如"档案鉴定"和"档案价值鉴定"本是两个具有属种关系的专业术语①,但不少论著中往往将它们看作同义词互用;而有些术语在未明确涵义的情况下就随意使用,如近年来"××档案"的说法非常流行,似乎"档案"概念可以随意装扮为我所用,而这些所谓的"大档案""网络档案"等都是在概念尚未科学界定的基础上就随意使用,"这种概念泛化的现象不仅容易模糊档案的本质属性,而且使档案基础工作变得复杂"②。

　　最后,档案学术语规范化成果不多。除了在 20 世纪八九十年代出版了一些有关档案学术语的标准、词典和辞书外,进入 21 世纪后这方面实际的应用成果基本上是空白。由于原有的这些标准、词典、辞书等已无法反映体现大量新产生的术语,对这些新术语的规范统一,是需要进行认真的研究梳理,而目前对于档案学术语研究的缺失,也就很难出现新的术语系统研究成果,同时也导致理论研究和工作实践中术语使用的混乱。

第二节　档案学术语规范化建设的意义

　　档案学术语的规范化,就是对档案学学科或专业领域的术语进行统一和规范的过程。"术语规范化的过程,包括建立术语审定机构,进而开展术语的收集、分类、鉴别、选择等工作,将术语编辑

---

① 　参见潘连根的《档案鉴定内涵层析》(《档案》2002 年第 2 期)。
② 　王萍."体制外档案"概念的提出及其意义[J].浙江档案,2013(1):15—17.

成册并通过国家授权公布以成为社会定约等基本环节。"①从目前我国档案学术语规范化建设的现状来看,加强档案学术语规范化建设,既是完善我国科技术语体系的需要,也是我国档案学学科建设和档案工作实践发展的需要,具有十分重要的意义。

1.统一和规范档案学术语,是档案学自身发展的内在需要。

一门成熟的学科,不仅具有较为完善的知识体系,而且具有统一和规范的术语系统,这是学科成熟的重要标志。我国档案学发展至今,已是一门较为成熟的学科,但随着档案学理论研究的深化和档案工作实践领域的拓宽,术语使用混乱的现象依然存在。因此,如何对已有的术语进行梳理、统一,并构建较为完备的术语系统,这是维护档案学学科独立性的重要基础。可以说,档案学术语规范化的研究本身就是档案学研究的重要内容,亦是档案学自身发展的内在需要。

2.统一和规范档案学术语,是档案学学术交流和档案工作实践的客观需要。

档案学术语是开展档案学学术交流的重要工具,如果没有统一规范的术语,术语表达概念不一,则势必导致学术交流障碍,甚至因牵涉使用术语不同或术语概念理解不一而产生不必要的争论。如"文件"一词因对其内涵理解不同,学术界长期存在着文件与档案的关系、文件生命周期理论是否适用于我国、文件中心在我国有无存在的必要等争论。更糟糕的是,因术语概念理解各异,有时还会造成档案工作实践的混乱。如"全宗"概念的内涵和外延都会随着档案工作实践的发展而发展,如果不对其进行统一规范,就会造成实际工作中全宗划分的随意和混乱;又如"档号"到底应该

---

① 刘青.简述科技术语规范化的基本环节[J].科技术语研究,2001(1):36-39.

由哪些号组成,不同的档案工作标准和规范中往往有不同的规定,其内涵和外延的不统一,造成实际工作的莫衷一是。

3.统一和规范档案学术语,是档案学术语标准化的现实需要。

档案学术语的标准化,就是通过制定标准,将档案学术语和术语系统规范起来,减少或避免因术语使用混乱而导致的工作实践中的矛盾与失调现象,以求得最佳的社会和经济效益。

术语的规范化和标准化既相联系又有区别,两者针对的领域和侧重点有所不同。前者针对档案学学科或专业领域,侧重于学科概念的把握和研究,以期达成共识和规范;后者针对档案工作行业领域,侧重于实际工作中术语的规范使用,以期取得良好的社会效益和经济效益。但术语的规范化是标准化的前提和基础,没有术语的规范化也就无法进行术语的标准化。当然,也不能认为我们现在已经有了档案工作术语标准就没有必要开展术语的规范化研究了,其实档案工作术语标准也将始终面临修订的问题,而这种修订也要建立在术语规范化研究的基础之上。

档案学术语的标准化还有助于其他档案工作标准的制订与推行,提高档案工作标准化的整体水平。

第三节　档案学术语规范的原则

档案学术语规范化建设的重点是对档案学术语进行审定与统一,而这必然要遵循一定的术语规范原则。通过借鉴我国已有的科技名词术语规范工作的理论和经验,结合档案学术语自身的特点,档案学术语规范的原则必须强调科学性。这种科学性既体现在档案学术语系统的科学建构方面,表现为系统性原则;又体现在具体档案学名词术语的科学审定上,表现为专指性、发展性、民族性等原则。

1. 系统性原则。

概念是知识的基本单元。任何科学研究的成果都要以概念的形式固定下来。而一门学科的所有概念"通过逻辑关系或知识本体(ontology)关系联系起来的概念的集合,叫作概念系统"①。概念系统可以揭示该学科或专业领域内各个概念之间的结构关系,当然概念系统的阐释离不开对这些概念的定义及术语的界定。"概念系统连同这些概念的定义系统是相关专业知识领域的逻辑模式,而术语系统则是这一领域的语言模式。"②因此,档案学术语的规范化建设,首先需要建构一个科学的术语系统,即必须厘清档案学现有的知识概念有哪些,这些概念之间具有何种关系(如同一、属种、交叉、全异、否定关系等等),用什么样的名称来界定这些概念。最后经过审定统一下来的名称才是术语。

"术语系统的形成是要求具备一定条件的。只有当某一知识领域已经具有自己的理论、并能揭示出其基本对象及其相互之间的联系时,才可能形成自己的术语系统。"③我国档案学已基本具备这些条件,完全有可能建构自己的术语系统。事实上,我国在2010年8月就在全国科学技术名词委员会下成立了档案学名词审定委员会,但时至今日,我国依然没有制定出经过国家审定和公布的规范化档案学术语系统。

不过,在建设档案学术语系统时,要注意该系统必须具有整体性、相对稳定性和相对扩充性。

---

① 冯志伟.术语学中的概念系统与知识本体[J].术语标准化与信息技术,2006(1):9—15.

②③ 郑述谱.术语学的研究方法[J].术语标准化与信息技术,2004(2):4—13.

所谓整体性,是指档案学术语系统应包含档案学学科或专业领域中所有最必需的术语,如一部档案学词典,就不能漏收任何重要的术语。相对稳定性则主要强调在一定阶段内档案学术语系统是档案学知识系统的有序的固化和反映,否则就很难对档案学知识进行描述,也难以进行传授和交流。而相对扩充性,则强调档案学术语系统应具有相对开放性,能容纳今后新产生的术语,具有扩充的余地。

2.专指性原则。

专指性是指档案学术语和所指称的概念之间呈一一对应关系,即"一词一义",这样才能确切表达意思,避免歧义的发生。当然,这种专指性仅局限于该学科或专业领域内,如果脱离了特定的学科或专业领域,则可能就会出现"一词多义"或"多义一词"的现象,如"文件"一词在档案学和计算机学科中就完全是两个不同的概念。

3.发展性原则。

档案学术语不是一成不变的。随着档案学理论研究的深入和档案工作实践的发展,有些术语的内涵和外延是会发生变化的,这就需要对这些术语加以发展。如目前"文件""档案""全宗"等概念都或多或少地发生了某些变化,需要我们重新加以定义。

4.民族性原则。

随着国际档案界交往的日益频繁,国外档案学成果不断传入我国,国外档案学术语也不可避免地进入我国。对于这些外来的档案学术语,一般不宜音译取用,而应在掌握其概念内涵实质的基础上,结合我国的文化传统和语言文字的使用习惯,将其中国化。"概念是思维的最小单元,是全人类性的,而名称则因语种的不同而不同,具有民族性。"①如此,才有助于国人对术语的理解和掌握。如"全宗"在 1955 年之前我国称之为"芬特"(俄文音译,而俄文又从法文音译而来),但 1955 年后国家档案局将之改为"全宗",采用了意译的方法,更便于我国档案工作者理解和接受。

此外,为了便于国际学术交流和合作,档案学术语定名时要尽可能采用国际通用的术语和符号,由中文译成的外文要与外文术语的本来概念相一致。

第四节　档案学术语规范化建设的对策

目前,我国对档案学术语的规范化建设重视不够,进程不快,表现在术语研究较为薄弱,有关术语组织机构的作用没有充分发挥,术语规范化建设工作实践相对滞后。为此,要积极采取措施,进一步加强档案学术语的规范化建设。

1. 充分发挥档案学术语组织机构的作用。

档案学作为我国科学技术的有机组成部分,其术语系统也是国家科技术语体系的一个部分。但我国目前档案学术语规范化建设工作的组织领导较为薄弱,缺少一个强有力的领导机构来进行统筹规划,现有的一些研究和实践也往往是各自为政,缺乏合力,影响了术语成果(如档案学词典、词汇汇总)的权威性和公信度。因此,今后要由国家档案主管部门或中国档案学会牵头,会同档案学名词审定委员会,加强与图书、情报、文献等部门的联系,制订有关档案学术语规范化建设的规划,尽早审定和公布规范化的档案

---

① 冯志伟. 术语学中的概念系统与知识本体[J]. 术语标准化与信息技术,2006
(1):9－15.

学术语系统,从而促进我国档案学学科的进一步发展,并为档案工作实践提供学科支撑作用。

2.不断加强档案学术语的研究。

"档案学术语的统一和规范化之所以没有达到应有的水平,根源于对档案学术语的研究不够深入。"①因此,加强档案学术语研究就显得十分迫切。

应该将档案学术语的研究纳入档案学元理论研究的范畴,加强档案术语学分支学科的建设。同时,要采取多种途径和措施,营造档案学术语研究的良好氛围,扎扎实实推进档案学术语的研究。如在档案学高层次人才的培养过程中,开设档案术语学的课程,培养专门的术语研究人才;定期或不定期召开档案学术语研讨会进行交流;有关部门可设立档案学术语专项课题资助术语研究;具备条件的高校可设立术语研究机构等。术语研究的加强和深化,必将为档案学术语的规范化建设提供有力的学术支撑。

3.积极开展档案学术语规范化的工作实践。

客观说,进入 21 世纪后,我国档案学术语规范化的工作实践进展不大。时代在发展,档案工作日新月异,而术语规范化工作实践相对滞后,长此以往,势必会影响档案学学科和档案工作实践的进一步发展。现有的档案工作术语标准也需要根据发展了的工作实践做出相应修订,档案学词典、辞书也需要重新编辑出版。只有积极进行档案学术语规范化的工作实践,才能强化术语规范化的意识,并反过来推动术语的研究工作,从而使理论和实践进入到良性互动之中。

---

① 　王保国.对档案学术语统一的思考[J].北京档案,2003(11):21—22,25.

第九章 档案学学术评论之研究

目前,学术评价普遍受到高校、科研机构及个人的重视,评价结果往往与组织、个人的切身物质利益和学术声望相联系,因而如何确保评价的科学、合理、可信,自然受到社会的高度重视和关注。然而,众多的评价机构和评价体系,也倍受质疑与批评。因而,有关学术评价的机制、体系等也成了当今学术界研究的一个热点。

但对于一门具体的学科而言,学术评论既是学科学术研究和交流的重要组成部分,也是学科发展的重要动力。相比学术评价,学术评论更受学科自身建设和发展的重视。因为,"现代科学的发展告诉我们,一门布局完整、结构合理的学科必须包括对学术自身的评论,并使之制度化、科学化。只有如此,才可能使学科的弹性增加,才可能提高学科的运行机制和水平"[1]。可见档案学学术评论"属于档案学理论的一个分支,是一种理论活动"[2]。因此,档案学学术评论理论也是档案学重要的元理论之一。

---

①　严永官.档案学术评论概要[M].北京:中国档案出版社,2006:10.
②　李圭雄.档案学术评论功能刍议[J].浙江档案,1991(11):13—14.

第一节　学术评价、学术评论与学术批评关系的界定

"学术""指较为专门、有系统的学问。"①学术的本质是追求真理,灵魂是知识创新。在对学术活动的效果进行价值判断的过程中,必须进行学术评价、学术评论与学术批评的这种研究活动。从本质上看,学术评价、学术评论与学术批评都是对已获得的科学认识成果(即科学研究成果)的再认识,也是科学认识发展的一种形式。通过对科学认识的再认识活动,可以达到对科学研究对象更为全面、系统、正确的深刻认识。科学发展史表明,对已有理论成果的质疑、批评以及不同学术观点、理论和学派之间的争论,是科学发展的重要动力。

然而,学术评价、学术评论与学术批评由于具有一定的共性,因此在使用上存在着一定的随意性,有时不作严格区分。但笔者以为,作为术语在使用的时候,还是要细致地把握它们之间的差异,适当进行区分,严谨使用。

学术评论与学术批评一般可看作同义词,但严格意义上说,学术批评包含在学术评论之内。学术评论、学术批评从广义上说也是一种学术评价,但从狭义上说是有区别的。

"所谓学术评论,是指通过讨论、议论等阐述方式,对已有的理论、观点、方法等科学知识成果及其形成过程的真理性及意义等方面所发表的意见和见解,可包括积极的肯定、中肯的批驳,或提出

---

①　辞海编辑委员会.辞海[M].上海:上海辞书出版社,1990:1269.

种种质疑。"① 由于"批评"一词有两种理解,一是指出优点和缺点;评论好坏。二是专指对错误和缺点提出意见。② 因而,"学术批评既可以指对学术思想、观点评论好坏,作出正确的判断和议论,也可专指对学术思想或观点的缺点与错误作出辨析,提出具体意见。从第一种含义即广义来看,学术批评等同于学术评论,从第二种含义即狭义来看,学术评论包含着学术批评"③。笔者在此使用的是狭义上的学术批评。

"学术评价是指按照某一专业或领域的相关学术标准和要求,采用一定的技术手段,通过科学评价方法和评价体系,对研究人员的创造性或创新性学术成果进行价值判断,以检验其理论价值和应用价值的活动。"④

笔者以为,学术评价与学术评论(含学术批评)之间的区别主要表现在:学术评价是由评价机构组织同行专家根据民主原则(最常见的表现形式就是少数服从多数)对评价对象做出集体的价值判断,由于这种价值判断是基于评价机构中立性、公正性(按既定的评价制度、标准、程序)之上的,因而评价结论具有社会性和权威性。而学术评论则是由同行学者根据自由原则对评价对象做出个人的价值判断,具有明显的自发性和私人性。此外,学术评价追求的是程序正义而非实质正义,即有时采取票决方式来裁定评价对

---

① 于成双,张云秋,伦志军.倡导和推进学术评论是科技期刊之神圣职责[J].中国科技期刊研究,2006(1):107-108.
② 中国社会科学院语言研究所词典编辑室.现代汉语词典(第5版)[M].上海,商务印书馆,2005:1034.
③ 李永胜.学术评论需要强化批评意识[J].中国社会科学评价,2016(2):115-124.
④ 刘国新,王晓杰.学术评价的价值选择与制度创新[J].社会科学战线,2014(4):258-260.

象学术价值的有无和大小,只要在票决前接受了共同的评价标准和程序,就必须接受票决的结果,并且不能认为结果不公正。由于追求实质正义会受到个人认识和实践能力的制约,因而绝对公正有时可望不可即,如此只能退而求其次,让民主程序发挥错误过滤器的作用。而学术评论因是私人自发的学术研究活动,崇尚的是学术自由精神而不是学术民主精神,因而会尽最大可能去追求实质正义。

第二节　档案学学术评论的研究现状及其评析

我国档案学学术评论的实践在 1949 年后的档案学学术研究中是一直存在的。从中华人民共和国成立初期到 20 世纪 80 年代中期,我国档案界先后过开展过有关档案与资料的区分、档案定义、档案的分类和立卷、零散文件和积存档案的整理、文书处理部门立卷制度的推行、档案的形成规律、档案工作的性质以及档案学是不是一门独立的学科、档案学和文书学之间的关系等理论与业务问题的讨论研究。期间,《档案工作》杂志就有关重要理论与业务问题开展了多次有组织的学术评论活动,如从 1980 年第 4 期到 1982 年第 4 期,在"争鸣"栏目中开展档案定义的讨论,"共收到稿件百余篇,共 13 期刊物上发表了长短文章 29 篇、辑录档案定义 53 条"[①]。这次专题讨论影响大,效果好。同时,在档案学学术评论实践中,也出现了不少有影响的学术评论成果,其中以吴宝康先生的学术评论成果最具代表性。他早在 1954 年就发表了《评陆晋蓬著〈档案管理法〉》(《档案工作》1954 年第 11 期)一文,对陆晋蓬的《档案管

---

① 　严永官.档案学术评论概要[M].北京:中国档案出版社,2006:6.

理法》①进行了比较客观、全面、深刻的评价。此后,他又对民国时期的一些档案学著作进行了评析研究,其研究成果体现在《档案学理论与历史初探》一书中②。稍后,刘文杰也出版了《中国档案学文书学要籍评述(一九一○——九八六)》(四川大学出版社,1987年),对我国出版的档案学、文书学的各种专著、文集、教材、译著、工具书、资料选辑等等200多部进行了全面的实事求是的评述。

1987年《档案学通讯》公开发表了施宜岑的读者来信《对开展学术评论的意见》(《档案学通讯》1987年第4期)。信中认为,档案学研究中一些不同学术观点的自由讨论,常常受到阻碍,甚至被压制了。为此,需要认真实行学术自由,积极开展学术评论。此信虽是专门针对《档案学通讯》1986年第5期上刊登的两篇有关评论吴宝康的《档案学理论与历史》的文章而写,但信中有关开展学术评论的呼吁是十分中肯的。③

此后,档案学界开始更加有意识地开展学术评论的实践活动并着手对档案学学术评论的理论进行探索研究。笔者分别以"档案学"为主题并含"商榷""争鸣""述评"等为关键词在中国知网上进行精确检索,分别得到75条、111条、85条检索结果,再以"档案学"为主题并含"学术评论""学术批评"等为关键词在中国知网上

---

① 据沈庭燕、王俐涵在《陆晋蘧〈档案管理法〉述评》(《办公室业务》2013年第3期)一文认为,陆晋蘧的《档案管理法》(工人出版社,1953年)是我国20世纪50年代唯一的一本档案学专著。

② 详见吴宝康《档案学理论与历史初探》(四川科学技术出版社,1986年)第159－191页。

③ 王辉凯在《档案学术评论研究综述》(《兰台世界》2011年第10期)认为,此信开启了我国档案学术评论工作的序幕。对此,笔者不敢苟同。笔者认为,从现有档案学文献看,此信可能是我国档案学研究中第一次明确提出"学术评论"一词。

进行精确检索,分别得到 106 条、14 条检索结果。可见,我国档案学界在档案学学术评论活动中是实践和理论研究并重的。经笔者初步分析,其中档案学学术评论理论研究大多是探讨档案学学术评论的概念、作用、性质、类型、标准、原则、方法以及研究现状等问题,基本上涉及了档案学学术评论理论的基本问题。至于有关档案学学术评论研究的学术著作,主要有陈永生的《档案学论衡》(中国档案出版社,1996 年)专章研究,以及严永官的档案学学术评论专著《档案学术评论概要》(中国档案出版社,2006 年)。陈永生在专章中论述了档案学学术评论的含义与功能、类型、原则与方法及繁荣档案学术评论的若干思考①,而严永官则在专著中,"从阐释档案学术评论的概念及其内涵、性质及其类型入手,创设了档案学术评论的标准与原则,评析和探究了档案学术评论的现状与长期滞后的原因,提出了构建档案学术评论理论的系统主张与可采取的强化措施,并对档案学术评论的主体、客体、媒体,以及档案学术评论的实施等内容,"②进行了全方位的系统研究,基本架构起了档案学学术评论的理论体系,是目前有关档案学学术评论的唯一一部专门研究著作。2009 年王协舟出版了《基于学术评价视阈的中国档案学阐释与批判》(湘潭大学出版社,2009 年),这是一部既包括档案学学术评论理论又包含具体评论实践的专著,其中除了专章阐述档案学学术评论理论范畴体系外,还对中国档案学基本理论要素研究、吴宝康档案学术思想、档案管理学学科发展、中国档案学专业建设、中国档案学科学发展观等进行了评价。

　　笔者下面将对档案学学术评论的理论研究成果和档案学学术

---

① 参见陈永生的《档案学论衡》(中国档案出版社,1994 年)第九章"档案学术评论"。
② 严永官.档案学术评论概要[M].北京:中国档案出版社,2006:9.

评论的实践活动进行评析。

一、档案学学术评论理论研究成果述评

通过梳理现有有关档案学学术评论理论的研究成果,笔者将针对以下几个主要理论问题进行综述评析。

1.档案学学术评论的概念内涵。

李圭雄认为,"档案学术评论是指对以档案学文献为中心的一切档案学现象的阐述、分析和评价"[①]。

罗洪恩认为:"档案学术评论是从宏观和微观的角度揭示档案学研究成果的优与劣、好与差、经验与教训,衡量档案学揭示档案现象及其规律真实程度的一项工作。"[②]李财富认为:"所谓档案学术评论,指的是对档案学研究中的现象或事物(包括论文、专著、译著、教材、文集、档案史料出版物)及著名人物的档案学思想进行评论和介绍。"[③]

严永官则认为:"档案学术评论是指研究者遵循一定的学术规范,对档案学术研究领域中已经发生的各种学术现象和各类有关学术研究成果进行研究,并发表评论、推介和批评的学术研究成果。"[④]

尽管上述定义本质上大同小异,但细究起来还是有一些问题。如是称为档案学术评论还是档案学学术评论好,笔者认为目前我国档案学界一般都称为"档案学术评论",但这个称谓不够贴切,因

---

① 李圭雄.档案学术评论功能刍议[J].浙江档案,1991(11):13—14.
② 罗洪恩.档案学术评论理论构想[J].中国档案,1996(4):34—36.
③ 李财富.关于档案学术评论若干问题的思考[J].档案学通讯,1997(2):5—8.
④ 严永官.档案学术评论概要[M].北京:中国档案出版社,2006:12.

为我们讲的学术评论都是针对一门具体学科而言的,学术评论理论又是该学科理论的有机组成部分,因而称为"档案学学术评论"更为科学。又如档案学学术评论的对象,正如陈永生所说:"事实上,档案学术评论的对象范围旁及档案学的理论思潮、流派、运动等一切档案学现象,而不是单纯地评论档案学文献。只不过由于档案学的研究成果最终要以著作、论文或其他文献形式表现出来,因而档案学术评论也总是以具体的档案学文献作为评论的中心而已。"①

2.档案学学术评论的作用或功能。

李圭雄认为:"档案学术评论应具有评价、导向、介绍、分析和预测等功能。"②

罗力认为,档案学术评论的功能或作用包括导向功能、报道功能、推广功能、情报功能、调节功能。③ 随后,他又稍作修改,认为档案学术评论的功能从总体上说可以概括为批评与倡扬、综合与推广,但具体而言,档案学术评论的功能或作用可以归纳为导向功能、纳入功能、情报功能、推广功能。④

陈永生认为,档案学术评论的功能可以归纳为情报交流、引导方向、扬真匡谬。⑤ 罗洪恩认为,档案学术评论的作用有二:一是档案学术评论是坚持"双百"方针,发扬学术民主,活跃学术气氛,提高档案学水平的需要,是促进档案学走向成熟和繁荣的催化剂;二

①　陈永生.档案学论衡[M].北京:中国档案出版社,1994:211－212.
②　李圭雄.档案学术评论功能刍议[J].浙江档案,1991(11):13－14.
③　罗力.档案学术评论研究四问[J].北京档案,1992(4):19－20.
④　罗力.档案学术评论功能研究与类型划分[J].湖北档案,1992(5):20－22.
⑤　陈永生.档案学论衡[M].北京:中国档案出版社,1994:214－216.

是档案学术评论是作者与读者之间相互沟通的桥梁。①

马仁杰认为,档案学术评论的作用主要表现在以下几个方面:(1)档案学术评论能够推动和促进档案学理论体系的成熟和完善。(2)档案学术评论可以推广和介绍档案学研究的优秀成果,有助于扩大档案学研究优秀成果的影响,并进而扩大档案学优秀图书和期刊的发行量。(3)档案学术评论对档案学研究具有导向作用,有助于保证档案学研究沿着健康的轨道发展。(4)档案学术评论可以推动"双百"方针的贯彻,从而有助于不同学术观点的自由讨论,活跃学术气氛,增强档案学研究的活力。(5)档案学术评论有利于鼓励和调动档案学评论者的积极性和创造性,有利于提高档案学研究成果的质量,并可引起读者对档案工作、档案学研究的兴趣,扩大影响,增强社会档案意识。(6)档案学术评论对档案学研究成果还具有拾遗补阙的作用。②

严永官认为,档案学术评论具有介绍、分析、导向、沟通、提高、规范等六大功能。③

王协舟认为,档案学术评价的基本功能有推介导读功能、分析甄别功能、价值导向功能。④

关于档案学学术评论的作用或功能,是可以从不同角度来认识揭示的,上述观点都有一定的合理性,但有的学者将档案学学术

① 罗洪恩.档案学术评论理论构想[J].中国档案,1996(4):34—36.
② 马仁杰.论档案学术评论的作用[J].档案与建设,1999(1):25—26.
③ 严永官.档案学术评论概要[M].北京:中国档案出版社,2006:40—45.
④ 王协舟.基于学术评价视阈的中国档案学阐释与批判[M].湘潭:湘潭大学出版社,2009:39—44.

评论的功能与作用等同,从科学严谨的研究来讲,这是值得商榷的。①

3.档案学学术评论的性质。

目前,对于档案学学术评论性质的研究较少,只有三种观点。

其一,罗洪恩将档案学学术评论的性质描述为,首先档案学术评论是一种创造性的科研活动,其次档案学术评论之理论是档案学基础理论之一,是档案学学科体系的重要组成部分。②

其二,严永官认为,档案学术评论同属于学术研究活动,所以也具有学术研究的一般属性。但它同时又是一种特殊的档案学术活动,所以又具有其自身固有的特殊属性。具体而言,一是对已有成果的依附性。这种依附性表现在:从档案学术评论的主客体来分析,评论主体对已有成果具有明显的依附性;从某一具体的档案学术评论活动来分析,评论主体对于所评论的成果具有明显的针对性;要科学地选定评论对象。二是客观评述性。客观性是指在开展档案学术评论的过程中,要坚持一切从客观实际出发。即所有的分析和评述必须以原成果为出发点,要注意主观意见的延伸范畴,对被评论对象的优缺点要客观评述。评述性的论述是档案学术评论主要的、基本的论述方法,体现为不要过多介绍原成果,对评论对象要心中有数,要有端正的动机和正确的态度。三是理

———————

① 事物的功能和作用是两个既相互联系又相互区别的概念。功能是事物内部固有的效能,它是由事物内部要素结构所决定的,是一种内在于事物内部相对稳定独立的机制。而作用则不同,它是事物与外部环境发生关系时所产生的外部效应。同样的功能对外界的作用,既可能是正面作用,又可能是负面作用,这要看功能与外部环境的互动方式。一般来说,功能是作用产生的内部根据和前提基础,客观需要是测评产生作用的外部条件,作用就是测评的功能与客观需要相结合而产生的实际效能。

② 罗洪恩.档案学术评论理论构想[J].中国档案,1996(4):34—36.

论研究性。档案学术评论的过程是学术研究的过程,其成果也是学术理论成果。从某一具体的档案学术评论过程来看,档案学术评论的理论研究主要体现为三个层次:对评论对象的研究,以科学选定评论对象;对已有成果的成败得失之研究,以明确评论的具体内容目标;对原成果所涉及的领域做开拓性研究。①

其三,马仁杰认为,档案学术评论既具有学术研究的属性,同时它也有自身特殊的性质。第一,对已存在成果的依赖性,表现为评论主体对于已有成果具有明显的依附性,对所评成果具有很强的针对性,以及要选择有价值的评论对象;第二,客观评述性;第三,理论创新性。②

从上可知,罗洪恩的观点显然没有真正揭示出档案学学术评论的性质,且将"档案学术评论之理论是档案学基础理论"作为学术评论性质来揭示也不科学。马仁杰的观点基本上与严永官类同。笔者认为,严永官对档案学学术评论性质的揭示是较为全面正确的,但有一点是不大苟同的,即档案学学术评论的客观性并非学术评论所特有,"客观性是任何科学研究都必须遵循的原则。这一原则要求研究者对客观事实采取实事求是的态度,而不能带有个人的主观偏见或成见,更不能任意歪曲或虚构事实"③。因此,尽管严永官对档案学学术评论的客观性结合档案学学术评论的过程作了阐述,但笔者以为客观性是所有学术研究必须遵循的原则,作为档案学学术评论的特性揭示并不成立。同理,理论研究性也是

---

① 严永官.档案学术评论概要[M].北京:中国档案出版社,2006:14−25.
② 马仁杰.再论档案学术评论[J].安徽大学学报:哲学社会科学版,2008,32(2):153−156.
③ 袁方.社会调查原理与方法[M].北京:高等教育出版社,1990:11.

所有学术研究共有的性质,尽管他提出理论研究性的初衷是为了纠正目前学界有些人认为学术评论成果不算理论成果的错误认识,提高学术评论成果的科研地位。因而笔者根据他的研究,认为档案学学术评论的特性就是对所评成果的高度依附性和评论方法的评述性,这是学术评论所固有的性质。

4.档案学学术评论的类型。

吴杰认为,档案学术评论的对象和形式多种多样,档案学术评论中比较常见和应该引起重视的几种主要形式:一是关于我国档案学发展水平的整体评价,二是档案书评,三是档案人物评价,四是档案学术论文与刊物的评价。①

罗力认为,根据档案学术评论文章本身的特点,大体可以将其划分为综合性评论、专题性评论、商榷性评论、专指性评论、书评;依据档案学术评论文章评论方式的不同,可以划分为吹捧型、礼节型、权威型、平衡型、悬浮型、情报型。② 不过随后他又作了修改,认为根据评论对象的不同,可以把档案学术评论及其成果划分为综合性评论、专题性评论、出版物评价、特指性评论、人物评价;根据评论文章的不同风格,可以把档案学术评论划分为权威性评论、批评性评论、情报性评论、吹捧性评论。③

陈永生认为,根据评论对象的范围和特点,大致可以把档案学术评论划分为综合性评论、专题性评论、专指性评论三种类型。④

李财富认为,档案学术评论的内容极其广泛,凡档案学研究领

① 吴杰.试论档案学术评论[J].湖南档案,1991(2):9-13.
② 罗力.档案学术评论研究四问[J].北京档案,1992(4):19-20.
③ 罗力.档案学术评论功能研究与类型划分[J].湖北档案,1992(5):20-22.
④ 陈永生.档案学论衡[M].北京:中国档案出版社,1994:218-224.

域中的一切问题、现象、论点、思想等都是档案学术评论的对象。归纳起来,档案学术评论主要包括以下几方面内容:一是评论档案学专著(包括译著、教材、文集),二是评论档案学观点(论点),三是评论档案学现象,四是评论档案学思想,五是评论档案史料出版物。①

严永官认为,档案学术评论可以有多种方式,各种类型的档案学术评论方式又适用于不同的对象和不同的环境,同时各种类型的档案学术评论方式又会具有各自的文体特征。按档案学术评论的表现形式划分,可分为学术商榷文章、档案专业书评、大讨论、学术小品。按档案学术评论针对的内容划分,可分为整体式(指的是学术评论所涉及的是被评对象的全部或绝大部分)、局部式(指的是学术评论所涉及的是被评论对象的某些部分,即针对的是原成果中的闪光点或不足和谬误之处)、针对基本观点。按学术评论的总体评价角度划分,可分为推荐性评论、批评性评论、分析性评论、综述性评论。②

马仁杰认为,随着档案学术评论所适用的对象和环境的复杂化,其类型的划分更应多元化、实用化。按档案学术评论的表现形式,可分为学术商榷类文章、档案专业书评、档案学术论坛等形式。按档案学术评论针对的内容,可分为整体式、部分式。按档案学术评论者对评论对象的褒贬态度,可分为推荐性评论、批评性评论、分析性评论。③

---

① 李财富.关于档案学术评论若干问题的思考[J].档案学通讯,1997(2):5—8.
② 严永官.档案学术评论概要[M].北京:中国档案出版社,2006:45—78.
③ 马仁杰.再论档案学术评论[J].安徽大学学报:哲学社会科学版,2008,32(2):153—156.

　　王协舟则认为,根据评价选择角度的不同,可分为内容评价与形式评价;根据评价内容涉及对象的范围,可分为综合性、专题性与专指性评价;根据评价主体及其评价目的的不同,可分为个人评价和社会评价。[①]

　　由上可知,档案学学术评论类型的这种多元划分,是由档案学学术评论对象、内容及方式的多样性决定的,同时这种多元划分也有助于我们多角度把握和认识档案学学术评论。当然上述观点中仍然存在一些问题值得商榷。

　　吴杰的类型划分标准不明,只是一种列举而已。

　　罗力关于档案学术评论类型的一种划分标准是"档案学术评论文章本身的特点"指代不明,同时他将吹捧型作为档案学术评论的一种类型也是不妥的,因为尽管事实上确实会存在这样的学术评论文章,但这种本身是要批判的不当评论,实在不应将它列为一种类型。同理,将"批评性降低到最低程度"的礼节型评论、"感叹多于实在、幻想多于现实"的悬浮型评论、"半斤八两"的平衡型评论等都是学术评论中的不良现象,将它们列为档案学学术评论的类型,是要误导档案学学术评论者的,以为学术评论是可以那样写的。

　　李财富根据档案学术评论的内容来进行类型划分,将其中一种类型概括为"评论档案学现象",但笔者觉得用词不够贴切。尽管他在论文中指出"档案学现象"是特指"档案学研究中的各种带有普遍性、倾向性的现象",但由于"档案学现象"一词含义太广,其余类型都可包含在内,因而会给人造成费解。

---

① 王协舟.基于学术评价视阈的中国档案学阐释与批判[M].湘潭:湘潭大学出版社,2009:32-39.

　　陈永生的划分相对较为科学,但从严密的逻辑角度看,将综合性、专题性、专指性评论并列是有违逻辑的。笔者认为,可将档案学学术评论类型划分为综合性评论、专门性评论(包括专题性评论、专指性评论),如此表述在逻辑结构上更显严密。

　　严永官的划分也有类型相互交叉的问题,如"档案专业书评"中也有可能是商榷性的文章,"大讨论"肯定是讨论者相互商榷的。至于所谓的"学术小品",笔者是不认同将其作为一种学术评论文章的,主要原因是学术性较低,并不是真正意义上的学术评论研究成果。

　　至于马仁杰的观点由于和严永官的雷同,不再重复分析。

　　5.档案学学术评论的标准。

　　罗洪恩认为,档案学术评论的标准有创新性标准、实践性标准、社会历史性标准。①

　　严永官认为,档案学术评论标准有政治性标准、创新性标准、实践性标准、学术性标准、历史性标准。②

　　马仁杰认为,档案学术评论的标准应当包括评论对象内容的标准和评论对象形式的标准。内容是评论对象的主导方面,是评论对象的精髓;形式是内容的外部表现或载体,形式是为内容服务的。衡量评论对象内容的标准有政治标准、科学性标准、学术性标准、实用性标准、历史性标准、个性标准,衡量评论对象形式的标准主要包括装帧设计、印刷质量、表达方式和版本等。③

---

①　罗洪恩.档案学术评论理论构想[J].中国档案,1996(4):34—36.

②　严永官.档案学术评论概要[M].北京:中国档案出版社,2006:79—92.

③　马仁杰.档案学术评论之我见[J].安徽大学学报:哲学社会科学版,1999,23(2):114—119.

标准是衡量事物的准则。档案学学术评论标准就是评论者在评论活动中应用于所评对象的价值尺度和界限。明确档案学学术评论的标准,有助于评论者对所评学术成果进行全面的分析评价,并把握好评价的尺度。为此,笔者对上述各种观点作适当的分析说明。

严永官提出的评论标准中纳入政治标准是没问题的,因为正如李慎明所说,尽管"政治与经济一样,都是社会的客观存在,而学术则是对客观存在的反映,经济、政治可以说都是学术认识的对象。在这种意义上讲,政治与学术分属不同的领域,所以不能混为一谈。"但是,"在阶级社会里,政治离不开学术,政治需要学术为之服务;学术也离不开政治,学术需要政治保证方向。政治既是经济的集中表现,又必然反映到文化的上层建筑,并成为文化上层建筑的灵魂。这样学术也就需要有一个政治标准","在学术研究中,政治标准与学术标准是分不开的,二者相互统一、共同存在、共同起作用。"因而在学术研究中必须坚持"政治标准与学术标准相统一"。① 这不会像有些学者所认为的"过分强调政治标准,不利于良好学术风气的培养。"尽管学术界对于"政治"概念的内涵多有不同认识,但严永官对于政治性标准中"政治"概念的理解显然是一种"泛政治观",他将档案学术成果是否符合我国档案事业的需要,是否对档案工作和档案事业具有推进作用都纳入"政治性标准"之中,这是值得商榷的。

马仁杰提出的内容和形式的标准看似较为全面,但形式标准在学术评论中一般是不太关注的,很少涉及,如此提出的意义也不大。至于内容标准中,个性标准明显不是针对评论对象的,而是针

① 李慎明.坚持政治标准与学术标准相统一[J].求是,2015(14):21-23.

对评论者自身的,正如他自己在文中所说,"每位档案学术评论者都应该有自己的特殊风格。作为档案学术评论的作者,在其研究领域中应该有深刻的见解,对其评论对象应有独到的研究,切忌走马观花,或者千篇一律,枯燥乏味"。可见,个性标准并不是用来衡量所评学术成果的,不应放入评论标准之中。至于他提出的科学性、学术性标准,笔者以为还是需要作一些补充说明。正如朱大明认为,"学术"一词有广义、狭义之分。广义的"学术"可以认为是对自然科学、社会科学和人文科学创新性研究活动、研究方式及研究成果的总称,如科学研究、科学规范、科学成果都可称之为学术研究、学术规范、学术成果。狭义的"学术",则特指各学科领域的理论问题或非共识性知识进行专业性、学理性的研究、探讨、思辨或争论。如此,学术论文的广义学术性是指,对表述科研成果(包括应用性研究成果)的论文所具有的创新性、理论性、科学性和规范性等属性特征的总称。论文的狭义学术性特指,表述科研成果的论文在理论创新、逻辑论证、概念思辨或学理探讨方面的属性特征及其价值。在具体使用中,当指称论文内容总质量要求或评审标准时,使用广义学术性概念;当评价某论文具有很强的"理论思辨性"或"学术探讨(争鸣)价值"时,则特指其狭义的学术性。① 可见,档案学学术评论标准中的学术性标准,如果是从广义来理解,那么自然包括了创新性标准、科学性标准,如果是从狭义角度理解,则当与创新性标准、科学性标准并列。

至此,再看罗洪恩提出的标准,就明显不够系统和全面。

因此,可以说,"对于一项科学技术研究成果的价值评价,往往并不是用单一的标准,而是一个有内在联系、有层次结构的评价标

---

① 朱大明.学术论文的"学术性辨析与鉴审"[J].科技导报,2013(5—6):116.

准体系"①。当然,"学术评价的实质性标准只有一个,即看研究成果有无学术创新,或者原创"②。

6.档案学学术评论的原则。

罗力认为,档案学术评论要坚持思想性与学术性相统一、现实性与历史性相统一的原则。③

陈永生认为,实事求是是指导档案学学术评论的基本原则。④

罗洪恩认为,档案学术评论应遵循的原则有坚持无产阶级党性原则、坚持实事求是原则。⑤

李财富认为,档案学术评论应该遵循实事求是、与人为善、历史主义、以"作"为主的原则。⑥

严永官认为,档案学术评论的原则有实事求是、公开公平、全面慎重、尊重科学的原则。⑦

由于"标准"是"衡量事物的准则",而"原则"则是"说话或行事所依据的法则或标准"。⑧ 词典中的这种循环解释,导致一般学者对学术评价(或评论)标准与评价(或评论)原则的不分,甚至有时笼统称之为"标准原则"(或"原则标准")。如王协舟认为,档案学

---

① 孙广丽,孙广义.浅论科学研究成果的价值评价[J].社会科学论坛,2003(6):91-93.
② 仲伟明.关于人文社会科学学术评价的几个问题——从学术评价的实质性标准谈起[J].学术界,2014(7):41-52.
③ 罗力.档案学术评论研究四问[J].北京档案,1992(4):19-20.
④ 陈永生.档案学论衡[M].北京:中国档案出版社,1994:225-230.
⑤ 罗洪恩.档案学术评论理论构想[J].中国档案,1996(4):34-36.
⑥ 李财富.关于档案学术评论若干问题的思考[J].档案学通讯,1997(2):5-8.
⑦ 严永官.档案学术评论概要[M].北京:中国档案出版社,2006:92-102.
⑧ 中国社会科学院语言研究所词典编辑室.现代汉语词典(第5版)[M].上海,商务印书馆,2005:89,1676.

术评价原则标准包括政治性、科学性、求实性、创新性、实践性五个方面。① 其实细究起来,"评论标准"强调的是评论什么,"评论原则"强调的是如何评论,即标准是衡量事物的准则,原则是观察、处理事物的准则,两者还是有所区别的。如此看来,档案学学术评论的原则可以有不同的表述,但要体现逻辑严密性。如实事求是原则,事实上就包含有历史主义、公开公平、全面慎重、尊重科学等含义。实事求是也是无产阶级世界观的基础。因此,笔者认为档案学学术评论最重要的基本原则就是实事求是原则和与人为善的原则,以此强调评论的内容是客观的,评论的动机是纯洁的。

7.档案学学术评论的方法。

陈永生认为,档案学术评论要做到准确和科学,就必须在坚持实事求是原则的同时运用科学的方法。由于档案学术评论涉及档案学的各个方面并有多种类型,因而评论的方法必然是多元化的。并对自认为最重要的两种方法——比较方法和历史方法进行了较为详细的分析。②

罗洪恩认为,档案学术评论的方法,是指档案学术评论活动中所应用的分析研究方法,即评论者从现有的论著材料出发,结合具体的档案现象推出评论者的观点和结论的方法,包括三个层次:一是哲学方法层。这是档案学术评论的最高层的方法,即在辩证唯物主义和历史唯物主义方法的指导下,应用分析与综合方法、归纳法与演绎法、类比法等。二是一般科学方法层。这是档案学术评论方法的中间层次,它普遍适用于一般的科学研究(包括档案学术

① 王协舟.基于学术评价视阈的中国档案学阐释与批判[M].湘潭:湘潭大学出版社,2009:25-32.
② 陈永生.档案学论衡[M].北京:中国档案出版社,1994:230-233.

评论），如系统论方法、信息论方法、控制论方法、数学方法、调查方法、实验方法等。三是专门方法层。这是档案学术评论方法最基础的层次。专门方法的形成也是学科成熟的主要标志之一。但由于关于档案学术评论理论的研究在我国刚刚起步，尚未形成档案学术评论的专门方法。①

严永官认为，档案学术评论从属于档案学术研究的范畴，所以档案学术研究的方法自然也就成了档案学术评论的基本方法。由于档案学术研究方法是多元的，因而他列举分析了若干档案学术评论的方法。如哲学方法（包括历史唯物主义方法、辩证唯物主义方法）、逻辑方法（包括分析与综合方法、归纳与演绎方法）、比较法、调研法、定量定性分析法等。②

马仁杰认为，档案学术评论的方法主要有三种类型：一是哲学方法；二是科学研究的一般方法，即适用一切学术研究的方法，如系统论、信息论、调查法、实验法、控制论等；三是档案学术评论的专门方法，但至今尚未形成具有自己学科特色的具体方法。③

王协舟认为，档案学术评价的具体方法很多，常用的有同行专家评价法、计量评价法、历史方法、比较法和调查法。④

笔者认同以下观点，即档案学学术评论属于档案学学术研究范畴，因而档案学学术研究的方法同样适用于档案学学术评论，且评论的具体方法是多元的。但对于这众多的研究方法如何构筑起

---

① 罗洪恩.档案学术评论理论构想[J].中国档案,1996(4):34-36.

② 严永官.档案学术评论概要[M].北京:中国档案出版社,2006:222-231.

③ 马仁杰.再论档案学术评论[J].安徽大学学报:哲学社会科学版,2008,32(2):153-156.

④ 王协舟.基于学术评价视阈的中国档案学阐释与批判[M].湘潭:湘潭大学出版社,2009:44-48.

一个档案学方法论体系的有关问题,笔者已在本书第六章中进行过阐述,在此不再赘述。

可见,我国已初步建立了档案学学术评论理论的知识体系,但理论研究中依然存在不少问题,主要表现在有关档案学学术评论理论的相关问题还缺乏统一的认识。因而,随着档案学学术评论实践活动的进一步开展,需要不断总结档案学学术评论的实践经验,加强对档案学学术评论理论的研究,从而深化和完善档案学学术评论理论体系。

二、档案学学术评论实践活动述评

通过考察我国档案学界学术评论的实践活动,笔者在此简要评析如下。

1.从档案学学术评论实践活动自身开展情况来看,虽然已经取得了一定的成果,但还需要进一步加以发展。

从前述笔者有关档案学学术评论理论研究情况述评来看,尽管目前我国已经初步建立起了档案学学术评论的理论知识体系,但在档案学学术评论的基本理论方面还存在诸多争议,需要进一步加强档案学学术评论理论的研究,从而更好地指导档案学学术评论实践活动的开展。

从档案学学术评论的实践活动来看,尽管在1949年后的档案学学术研究中一直存在,诸如各种具体学术问题争鸣、档案学书评、著名档案学者思想评价等等,都有所体现。但总体上来说,档案学学术评论实践与档案学研究的发展还有一定差距,表现在档案学学术评论实践活动成果不仅数量较少而且质量也不够高,同时也缺乏有组织的专门学术评论活动,自发进行的较多,没有形成一支较为稳定的档案学学术评论队伍。档案学学术评论实践的欠缺,也反过来影响了档案学学术评论理论的深度研究,使得档案学学术评论理论研究浮在浅显的层面。因此,加强档案学学术评论实践活动的开展,不仅对档案学学术研究能起到促进作用,而且也为档案学学术评论理论的研究提供充足的经验素材。

2.从档案学学术评论实践活动所处的环境来看,由于对档案学学术评论的作用认识不足,甚至还有质疑档案学学术评论成果的学术研究属性的,且缺乏专门的档案学学术评论期刊,现有档案专业刊物也很少有开辟固定的学术评论专栏的,档案学学术评论实践活动基本上处于自发零散进行的状态。这种对档案学学术评论实践活动缺乏足够的重视,导致档案学学术研究不能很好地在交流中发展,在争论中提高。

3.从档案学学术评论者的心理、能力因素来看,开展档案学学术评论障碍不少。

从档案学学术评论者的心理因素来看,尽管大多数人都能认同有必要开展档案学学术评论活动,但也有些人不自觉地把正常的学术评论活动看成是一种找茬或攻击行为,所以害怕被人批评也就回避批评别人。"档案界一部分同仁感到著书收益大,对扬名、评职称、提高自己在档案学某一领域的地位等均有好处,而写评论文章则费时费力不讨好,往往容易被人误解。不同层次的人对撰写档案学术评论文章存在着不同的心态:一些权威人士、理论造诣高的专家、学者不愿写,怕有一锤定音之嫌;初出茅庐的年轻人不敢写,怕有不知天高地厚之嫌。所以,愿意问津档案学术评论的人很少。"①而且我国档案学学术圈较小,大家都不愿或不想伤彼此的感情,因而导致不少档案学学术评论活动都是抱着"你好,我

---

① 马仁杰.关于档案学术评论的若干问题[J].档案学研究,1999(3):38—40,50.

好,大家好"的心态来进行的,"一团和气",缺少不同学术思想观点的激烈交锋,难以形成"百家争鸣"的局面。

由于档案学学术评论同样是一种学术研究活动,因而需要学术评论者具有较高的专业知识素质和理论思维能力,才能对评论对象进行深度的分析和评述,特别是对难度较大的评论对象如档案学学术著作、档案学思想流派等,更是如此。因此,对于一般的档案学研究者而言,要开展高质量的档案学学术评论活动是有一定难度的,或者会有畏难情绪。

档案学学术评论实践活动的这种现状,导致现有的各种档案学学术研究成果"鱼龙混杂"无法区分,也无法及时对档案学学术研究中出现的问题进行纠正,从而导致档案学学术研究的"自娱自乐",影响档案学的进一步发展。

第三节 档案学学术评论需要学术宽容和学术批评

爱因斯坦在《自由和科学》一文中认为,科学的发展,以及一般的创造性精神活动的发展,既需要外在的自由,又需要内心的自由。外在的自由,是指"一个人不会因为他发表了关于知识的一般和特殊问题的意见和主张而遭受危险或严重的损害。交换的自由是发展和推广科学知识所不可缺少的。这件事有很大的实际意义。首先它必须由法律来保障,但单靠法律还不能保证发表的自由。为了使每个人都能表白他的观点而无不利的后果,在全体人民中必须有一种宽容的精神"。内心的自由,是指"这种精神上的自由在于思想上不受权威和社会偏见的束缚,也不受一般违背哲理的常规和习惯的束缚。这种内心的自由是大自然难得赋予的一种礼物,也是值得个人追求的一个目标"①。

　　档案学学术研究活动要探索档案学的未知世界,实现档案学知识的创新,需要倡导档案学的学术自由。这种学术自由不等于人身自由,它仅指档案学学术共同体及其成员享有从事档案学学术研究活动不受外来不当干预的自由权利。可见,档案学学术自由实指从事档案学学术研究活动的自由,但档案学学术研究活动本身还需要受到学术规范的制约。因而,档案学学术自由的自由之度还有个把握的问题,需要控制在学术规范的框架之内进行学术自律。

　　笔者认为,档案学的学术自由催生了档案学学术评论,因为档案学学术评论是一种创造性的学术研究活动,也是学术自由权利的一种体现,同样不应该受到不当干预。同时,客观公正的档案学学术评论则又能对学术自由进行他律,防范和制止学术不端行为。

　　由于法律控制学术不当干预行为的能力是有限的,因而特别需要诉诸道德自律来避免不当干预行为的发生,营造一种学术宽容的社会氛围,构建一个和谐的学术生态环境。档案学的学术研究活动同样需要一个宽松自由的学术环境,"学术干预"与"学术容忍"相对,而学术宽容则是一种对于不同于自己或传统的观点、见解有耐心公正的容忍,避免因学术偏执而出现不当干预。档案学学术的创新发展需要学术宽容,要尽力避免在学术评论中基于竞争、偏见、保守或自身优越感等的学术干预,真正实现在档案学学术评论领域内的相互尊重和民主、平等,不以势压人,不人身攻击,不讽刺挖苦,客观公正,敢说真话。

————————————

① ［美］爱因斯坦.爱因斯坦文集(第三卷)［M］.许良英,赵中立,张宣三,译.北京:商务印书馆,2010:212－214.

在我国档案学研究中,对档案学研究的主体、思想观念、方法等都要真正做到宽容。如名不见经传的草根一族的研究成果,只要有所创新,同样应该受到尊重,不因其位卑而轻其言甚至废其言。对于学术观点中的一些"异端邪说",不能因为与常识不符或与己不同而肆意扼杀,即使经过证伪确实是错误的,也能通过反驳修正提出新的科学设想,在寻求真理的道路上可以避免再犯同样的错误。比如20世纪80年代后期,档案学界曾经有一些学者借用商品的价值和使用价值来研究档案的价值问题以及基于此基础上提出档案的有偿服务论,尽管是一个错误的设想,但当时并未予以简单的扼杀,而是通过民主平等的学术争鸣,转而使档案学界从价值哲学的角度去诠释档案/文件的价值问题,从而基本上达成了共识。又如关于文件生命周期理论在中国是否适用问题,在20世纪90年代曾经广泛开展学术讨论,各种观点纷呈,即使至今依然未能完全达成共识,但对于该问题研究的深入以及形成良好的学术争鸣氛围也是十分有益的。"作为'思想必须宽容'的必然延伸,一切有利于思想的形成、交流与表达的手段和方法也应当得到宽容,因为这些和思想本身几乎同样重要。"①如曾经有一些学者运用数学建模的方式去研究档案的价值评判问题,尽管数学方法的应用可能不够成熟,但学界也是抱着宽容的欣赏的态度去对待这些新的研究方法及成果。此外,对于档案学研究者而言,最关注的是档案学期刊的学术宽容问题。应该说,我国的档案学期刊是做得较好的,对于不同的学术观点不加压制,只要观点新颖,言之有物、言之有理,哪怕是新人,也往往能够得到发表,真正发挥了档案学期刊对档案学创新发展的作用。

---

① 何生根.学术自由与学术宽容[J].中国人民大学教育学刊,2015(1):33-50.

当然,学术宽容有个限度,也就是宽容的范围问题。由于宽容主要涉及个人的道德情感,宽容与否各人都有自己的评判标准或原则,因而很难一概而论。不过,笔者认为,学术宽容的限度底线是学术不端行为。正如有学者指出的:"当前我国学术不端行为非常突出,多半是因过度容忍所致。"①"无伤害不应作为限度的原则"②,对于那些学术不端的人有所伤害是可以被宽容的,否则会对学术本身造成更大的伤害。因此,在档案学学术评论活动中,对于那些学术不端行为,评论者一经发现,要坚持原则,绝不姑息,痛加揭批。应该说,我国档案学界中确实存在着学术不规范乃至学术不端的现象。例如,笔者和何宝梅合作的论文《秘书学元科学层面的研究亟待加强》(《秘书》2000 年第 3 期)曾被人抄袭以《走向科学——中国现代档案学元科学层面分析》为题发表(《中国档案》2001 年第 4 期,中国人民大学复印报刊资料《档案学》2001 年第 4 期全文转载),有学者对此做过详细的实证分析③。其实,基于笔者的认识,当时的中国档案学是走向常规科学而不会笼统地提走向科学,抄袭者只是简单地将"秘书学"替换成了"档案学",完全没有理解笔者的意图。可以说,秘书学至今仍处于前科学时期,而档案学目前已处于常规科学阶段(在本书第七章中已有论述)。笔者做学问是采用笨办法的,基本上会对某一论题搜集相关文献进行阅读(主要是为了了解别人或前人研究成果,避免人云亦云),但往往发现有些论文大段大段引用别人的论文而不标注出处,其中不乏有一定影响的学者。每每碰到这种情况,笔者往往

①　范华关.过度宽容是对学术不端的纵容[N].中国青年报,2007-06-22.

②　何生根.学术自由与学术宽容[J].中国人民大学教育学刊,2015(1):33—50.

③　钱世荣.走向科学?——一份抄袭样本的实证与分析[J].秘书,2002(2):13—15.

如鲠在喉,十分难受。

因此,在档案学学术评论中,不仅需要学术宽容,更需要学术批评。由于广义的学术批评等同于学术评论,此处的学术批评特指狭义的含义,即对学术研究成果中的资料缺失、观点谬误、方法守旧等负面情况的批判。如果说学术宽容更多体现的是基于评论者对待从事学术研究活动的民主、平等和相互尊重的信念和态度,那么学术批评更多体现的是基于评论者对待学术研究成果追求真理的理性精神。学术批评不是一种简单的谴责或抱怨,而是在遵循学术规范基础上的一种闪烁着理性光辉的善意的评判。

档案学学术评论最忌无原则的赞扬吹捧和恶意中伤诋毁,需要的是"以强烈的批判精神与清醒的学术自觉,在实事求是、具体问题具体分析的思想基础上对学术观点、思想与理论尽可能做出是非、善恶、美丑、轻重、大小等判断,从客观实际出发,言之有据、言之有物、言之有理、言之有度地进行批评和议论,以明辨是非、针砭时弊、激浊扬清,引领和推动学术研究趋向至真至善至美和人的自由全面发展的学术圣殿,促进学术繁荣与发展。"①因此,档案学学术评论需要强化批评意识,积极开展健康的学术批评。

健康的档案学学术批评,首先强调的是批评动机的纯正。真理面前人人平等,学术批评本质上是批评者与被批评者之间的平等对话,其出发点应是善意的探求科学真理和事实真相,而不是假借学术批评之名打击压服对方。为此,批评者需要加强道德规范自律,在批评中既要尊重对方,又要敢说真话,做到对事不对人,以理服人。

其次要遵循学术批评规范,科学进行学术批评。"学术批评是

---

① 李永胜.学术评论需要强化批评意识[J].中国社会科学评价,2016(2):115-124.

必须建立在对文本批判性研读思考的基础上,它要求以对批评对象的理解与慎重为前提。"①因而,在开展学术批评时,必须秉承科学理性的精神,坚持实事求是、与人为善的原则,公正、客观、全面地评价档案学学术成果,努力克服批评的片面性。例如,笔者曾经出版过《文件与档案研究》(安徽大学出版社,2007 年)一书,小方在其微博上发表《潘连根之〈文件与档案研究〉读后感》②,尽管这不是一篇正规的书评,但其中的批评并未建立在对文本批判性研读思考的基础之上。他批评道:"大约这正是作者所云的'选取 20 世纪90 年代以来所发表的相关论文,进行归纳、修改、扩展而成的',仅仅是一个综述类的书籍。""没有新意。作者所谓的一家之言在晚辈看来只是在折中,在做好好先生,这于事情的解决没有帮助,理论依然是理论,实践依然是实践。同时将一些常识性的知识反复不嫌其赘的论述,这是书的败笔","我认为与其把这本书作为一部学术著作,不如看成一个科普著作",以及各种讽刺、挖苦、嘲弄。据说这篇博文还在多处被加为精华博文。在此与之商榷,也许有人会觉得我与一年轻人较什么真,显得气量不大。但我觉得他(应该也是我们档案界的同行)的治学方法有问题,与之探讨,也许对双方都会有所裨益。的确,我这书不是什么学术上的鸿篇巨制,书中的缺点错误在所难免。但据我推测,他可能以前从来没有读过我的论文,不清楚我选取的论文都是我自己发表过的论文,而不是其他学者的,怎么就成了综述类的书籍? 我自己在书的后记中交

①　袁维新.中国学术批评的缺失与重建——基于文化的视角[J].学术界,2014(1):130-139.

②　小方.潘连根之《文件与档案研究》读后感[EB/OL].http://blog.sina.com.cn/s/blog_4903e9ef0100c3b7.html,2008-11-30/2018-03-24.

代得清清楚楚,是我对这方面自己研究成果的一个阶段性总结,且其中的内容在当时作为论文发表时确系我自己的认识,怎么又变成了常识性的知识?变成了科普著作?(如果我书中的观点真的在他看来都是常识性知识,那岂不是说我的研究成果为学界所公认并被广泛传播了,真成了科普著作自然是对我成果的肯定。)当然,他对我书中个别地方论述前后有所重复的批评是正确的,但当时我在编辑加工时事实上是注意到的,只是考虑读者阅读的方便才保留了这些重复。学术评论中的实事求是原则,反映在评论以往的学术成果时则表现为尊重历史,因而对我以往的学术成果也应放在当时的背景环境中去进行考察评判。至于讽刺、挖苦、嘲弄,除了博人眼球(何况我也不是名人),实在无益。可见,对于档案学学术评论要有敬畏之心,只有在自己全面了解相关学术问题的研究现状、对被评论对象的成果真正理解了之后,才能发表客观公正的批评意见,也才能让被批评者信服。其实,该博文发表不久我就见到了,现在也只是因为写作的需要才作为一个例子拿出来,别无他意。

最后,积极开展档案学学术批评与反批评,营造良好的学术争鸣氛围。"健全、完整的学术批评应该是由批评与反批评双方构成,缺一不可。"①你有批评的自由,我也有反批评的自由。学术批评与反批评不是吵架斗嘴,而是在相互尊重的基础上进行的平等的学术对话,即使意见不统一,也可求同存异,但无疑这对深化有关学术问题的探究十分有益。"他人对自己的学术批评,实际上是他人帮助我们自己批评自己,是我们自己的自我批评。同理,自己对别人的学术批评,也可以看作是他的学术观点的自我批评。只

---

① 李永胜.学术评论需要强化批评意识[J].中国社会科学评价,2016(2):115—124.

要我们的学术批评是理性的,是真正的学术批评,则批评者和被批评者,在真理面前,事实上是没有彼此是非的区别的。"①只有真正认识到学术批评的实质是"自我批评",我们才会有一个平和的心态去面对学术批评。笔者曾和刘东斌就"大文件"概念进行过学术对话辩论②,尽管我们两个的观点是如此不同,并未达成一致的意见和认识,但这种对话对我们双方都十分有益,而且整个对话的过程是学术性的,双方都能彼此尊重,善待对方的观点,心情十分愉悦。

　　总之,档案学学术评论中,需要学术宽容与学术批评并重。学术宽容之"善"与学术批评之"真"相互依存,是实现档案学学术评论功能的重要保证。

①　张茂泽.论学术批评[J].学术界,2001(2):85-99.
②　潘连根,刘东斌.关于"大文件"概念的辨析[J].档案管理,2008(5):4-10.

第十章　档案学本质特征、功能及地位之研究

正确认识和把握档案学学科的本质特征、功能和地位，对于正确认识和理解档案学学科自身以及发展档案学基础理论具有十分重要的意义，是档案学元理论研究的重要内容。

第一节　档案学的本质特征

正确理解和把握档案学的本质特征，有助于更好地发挥档案学在社会生活实践中的功能和作用，实现档案学的基本价值，认清档案学的学科地位，并对于档案学的专业教育也有着十分重要的意义。我国档案学界对于档案学的研究对象问题，一直是有所探讨的，但真正直面档案学本质特征的研究，并没有得到我国档案学界的重视，目前只有刘家真、廖茹的《档案学的本质特征与可持续

发展》一文(《档案学研究》2010 年第 6 期)①,且该文发表后也未见学术界的回应。笔者在写作本节时,再次认真研读了该文,觉得存在许多可商榷之处。

一、学科的含义

要真正把握档案学学科的本质特征,首先必须对学科的含义有一个正确的认识。

对于"学科"一词的理解,不同的学者有着不同的认识。"人们从经验、事实、形式、结构、功能等众多角度去分析学科的涵义及其特征,归纳出不同的学科观。"②同时,学科概念的内涵本就随着学科自身和社会的发展而不断扩展。

韦冬余认为,学科历史演进的轨迹可以分为三个时期:前学科期、学科期、后学科期。前学科期就是指学科正式形成之前的时期,即早期人类关于自然与社会的知识是混沌的、零散的、经验式的、没有具体形态的,具有偶然性、神秘性、经验性等,这种知识缺乏一定的普适性、科学性和规范性等,因而这种早期经验形成的知识积累不能称之为"学科"。学科期是指学科已经形成的时期,即随着人类对自身、自然和社会的不断探求,人类的认识也不断科学化,人类开始有目的地依据知识的性质、种类等对已有经验与知识

---

① 笔者以"本质特征"为主题并含"档案学"为关键词在中国知网上进行精确检索,共得到 6 条结果,其中真正相关的同题论文有 3 篇,即刘家真、廖茹的《档案学的本质特征与可持续发展》(《档案学研究》2010 年第 6 期)和李晓光的《档案学的本质特征与可持续发展》("决策论坛——管理决策模式应用与分析学术研讨会"论文集(上),2016-08-20)、李杨的《档案学的本质特征与可持续发展》("决策论坛——管理决策模式应用与分析学术研讨会"论文集(下),2016-08-20),但后者和刘家真、廖茹的论文雷同。

② 覃永毅,傅建球.论学科的实质及基本特征[J].理论观察,2014(9):73-74.

进行总结与分类,并对分类的知识采取有计划的研究、管理与保存,由此系统性学科的不断分化逐渐形成,产生了不同的"学科",人类知识的历史发展进入了学科期。后学科期则是学科形成后的进一步发展时期,即学科的内涵得以进一步发展。①

一般来说,目前国内许多学者都认为学科是一个具有多种含义的概念。如万力维认为,学科概念有原指、延指和隐指三方面。原指一定历史时期形成的规范化、专门化的知识体系;延指按照一定知识体系结成的学术组织,即科学共同体;隐指对研究对象与门徒予以规训和控制的权力技术的组合。② 孙绵涛、朱晓黎认为,学科是知识形态、活动形态和组织形态的统一体。知识形态是指学科是由有一定逻辑联系的知识范畴所组成的知识体系;活动形态是指学科知识的科学研究活动、学科教材的编撰活动、教师的教学活动和学生的学习活动,以及师生教学过程中所进行的创造知识的活动;组织形态实际上既包含学科知识的组织状态,也包括人以知识和活动为纽带所形成的人与人之间的一种组织状态,即前者指的是学科知识的组织体系,后者指的是以知识的研究、传授和创造为基础所形成的学科队伍,诸如教研室、院、系、所等学术组织。其中,学科的知识形态是学科的核心,学科的活动形态是学科的基础,学科的组织形态是学科的表现形式。③ 谭月娥则认为学科至少有三层含义:一是指基于普遍接受的方法和真理形成的知识体系,这是学科的宽泛概念;二是指权力,即通过对身心的锻炼最终具备

① 韦冬余.学科本质的再认识——学科史的视角[J].扬州大学学报:高教研究版,2015,19(1):10—12.
② 万力维.学科:原指、延指、隐指[J].现代大学教育,2005(2):16—19.
③ 孙绵涛,朱晓黎.关于学科本质的再认识[J].教育研究,2007(12):31—35.

纪律或形成行为准则,也可称为学科规训或学科制度;三是指学问或学术分支,即"致知之径、达智之途"的含义,这是学科的本体概念。[①] 可见,尽管目前对于学科的内涵理解还没有一个公认的说法,但有一点是可以达成共识的,即学科是一个处在不断演进发展的概念,它除了指规范化、专门化的知识体系以外,还可指教学科目、科学领域科目、学业科目、教学门类等。

考察现有学科实际存在的状态以及考虑研究问题的方便,笔者更认同韦冬余的以下观点。按照领域的不同,学科基本可以分为"科学研究中的学科"("科学中的学科")和"教育中的学科"。前者是某一科学领域或一门科学的分支,是专门化知识的学术样态,它是科学学科专家所组成的科学研究团体的成果结晶,其追求的目标是科学学科逻辑的发展、人类认识的进步、社会发展与生活水平的提高等,其基本内容是学科的形成、学科发展史、学科知识内容体系与学科逻辑,表现形式是不同科学学术观点的演进及各科学理论流派间的争论、交流与提升。后者是指为培养人才而设立的教与学的科目,尤指在教学制度中为了教与学将之作为一个系统的环节进行安排,是学校教与学内容的基本单位,它是由师生的经验与知识、自然和社会环境信息以及"科学中的学科"和"跨学科"等多种人类社会要素相互渗透与融通的有机整体,它要解决的重点问题是师生的心理逻辑与学科知识逻辑之间的关系,"教育中的学科"的基本特点是学科必须符合教师与学生的身心成长与发展的特点及需要。"科学中的学科"与"教育中的学科"既相区别,

———————

① 谭月娥."学科"演进的理性审视[J].中国高教研究,2011(9):38-40.

更紧密相连。①

二、档案学的特点

　　研究档案学的本质特征,首先要与档案学学科的特点区别开来。事物的特征与特点从严格意义上说是有区别的。据《现代汉语词典(第 5 版)》(商务印书馆,2005 年)对"特点"与"特征"的释义,特点是"人或事物所具有的独特的地方",特征则是"可以作为人或事物特点的征象、标志等"。而根据中华人民共和国国家标准GB/T15237.1—2000《术语工作——词汇——第 1 部分:理论与应用》规定,特征是一个客体或一组客体特性的抽象结果,特征是用来描述概念的,而本质特征则是理解概念不可缺少的特征,区别特征即是一个概念同其他相关概念相区别的本质特征,例如可以用"靠背"这个特征来区别"椅子"和"凳子"两个概念。

　　关于档案学的特点、特征或性质,我国档案学界一直是有所研究的,相关成果也不少,但在名词的使用上一般并不作严格的区分,甚至往往混用。如任遵圣在《试论档案学的科学性质》一文中认为,档案学具有综合性科学的特征②;肖文建、张兰芳在《关于档案学性质的一点认识》中认为档案学具备交叉科学的性质与特点③;冯子直在《我国档案学研究的现状与发展趋势》一文中则认为档案学是一门综合或交叉学科④;谭琤培在《对档案学学科性质研

---

① 韦冬余.学科本质的再认识——学科史的视角[J].扬州大学学报:高教研究版,2015,19(1):10—12.

② 任遵圣.试论档案学的科学性质[J].档案与建设,1988(1):11—14.

③ 陈兆祦.中国档案管理精览[C].北京:中国档案出版社,1997:91—93.

④ 冯子直.我国档案学研究的现状与发展趋势[J].档案学研究,1991(1):16—23,36.

究的新见解》中,避免了以往将学科性质与学科特点混为一谈的现象,认为要把档案学的学科性质问题分解为学科特点和学科归属两个问题,并认为档案学具有综合性、实践性、技术性、开放性的学科特点①。一般来说,教材是能体现编写时较为成熟的最新学术成果的,因此下面我们再来考察一下档案学概论教材中有关档案学学科特点的认识。早期吴宝康教授主编的《档案学概论》中认为:"档案学作为一门科学,具有科学的客观性、实践性、理论性、系统性、继承性和发展性等一般特征。"②冯惠玲、张辑哲教授主编的《档案学概论》则认为档案学的学科特点主要有综合性和社会性、实践性和理论性、技术性和实用性、开放性和包容性四个方面。③ 显然,尽管后者对档案学学科特点的概括看似更为全面系统,但实质上并无根本性的突破,只不过是概括的角度与程度有所不同而已。

事实上,档案学作为一门"科学中的学科",凡是学科所具有的诸如理论性、实用性、服务性、指导性等等档案学必然都会具备,并且当今学科发展的综合性、交叉性、渗透性等趋势也必然会在档案学学科发展中有所体现。因此,关于档案学学科的特点(或特征)的上述说法都有一定的合理性,但它们都不能成为档案学区别于其他学科的本质特征。笔者在本书第三章对档案学的学科性质、类型及归属进行了研究,而没有对档案学学科的一般特点进行研究揭示,其主要原因也在于此。

---

① 谭珽培.对档案学学科性质研究的新见解(上)[J].兰台世界,2000(6):6—7.
谭珽培.对档案学学科性质研究的新见解(下)[J].兰台世界,2000(7):8.
② 吴宝康.档案学概论[M].北京:中国人民大学出版社,1988:230.
③ 冯惠玲,张辑哲.档案学概论(第二版)[M].北京:中国人民大学出版社,2006:195—198.

三、档案学的本质特征

档案学的本质特征应是档案学作为一门学科区别于其他学科（特别是相近学科）的、能反映档案学根本特性的最基本的特征，它是档案学学科本质的根本表现，也是档案学区别于其他相关学科的区别特征。

刘家真、廖茹在《档案学的本质特征与可持续发展》一文（以下简称刘文）中，认为"档案学的本质特征应是档案学区别于其他学科而独有的特征，是档案学区别于其他学科的特点与标志"，这个认识无疑是正确的（如将"特点与标志"表述为"征象与标志"更为规范）。但刘文认为，"档案学的本体概念——'档案'，其定义是随着档案实践和理论研究的深化在不断地变化的，它难以代表档案学的本质特征。""档案工作是一个行业的日常管理与业务工作，作为一个行业的日常管理与业务工作，它是不可能囊括与其相关的一个学科的所有研究内容与研究范围的，何况一个学科的研究对象是对其所有研究内容与研究范围的高度概括，以凸现该学科的本质。"因此，"无论是将档案作为档案学研究对象，还是将档案工作或档案规律作为档案学的研究对象，都是对档案学科学价值的狭义理解，都没能揭示档案学的本质特征与明确档案学的研究对象。档案学的研究对象若不准确定位，档案学的发展方向就会相当茫然，特别是在学科高度融合的今天，档案学就可能失去自我"。并从信息资源管理的角度通过与图书馆学、情报科学的比较提出"信息资源的档案化管理与人类记忆的长期保存"才是能够体现档案学本质特征的学科研究对象。对此，笔者不敢苟同，提出一些自己的认识，以期深化档案学本质特征问题的研究。

虽然学科研究对象与学科定义、内容、名称、本质特征是有区别的。"研究对象是指人们行动或思考时作为目标的事物和认识的客体,学科定义是对于一种事物的本质特征或一个概念的内涵与外延的确切而简要的说明,定义亦称'界说',是揭示概念内涵与外延的逻辑方法。研究内容是指研究对象的内部实质和外部联系。科学名称是反映和概括研究对象的,一般就是研究对象的名称。本质特征属于研究对象内涵的内容。"①但学科的本质特征毕竟与研究对象密切相关,因而下面从档案学研究对象认定的角度来进行讨论。

首先,档案学研究对象的终极抽象和概括是不可能脱离具体研究对象的。

如果如刘文所言,因为"档案"的定义一直处在不断变化之中,因而难以代表档案学的本质特征,那么作为文化学的本体概念"文化"更是众说纷纭至今尚无定论,是不是也要质疑"文化学的研究对象是文化"②。事物本身是不断发展变化的,对事物的定义也会随着人们认识的深化而发生变化,这是十分正常的现象。档案工作的确不可能囊括档案学的所有研究内容与研究范围,但它的确又是档案学十分重要的研究内容之一,一直都是纳入档案学研究范围之内的,因为任何一门学科都是需要服务社会的,档案学当然是需要服务档案工作的。可见,刘文将本就联系紧密的档案和档案工作割裂开来进行论述,然后断言对于档案学的研究对象没有进行高度的概括,缺乏理性的抽象。其实,作为目前的主流观点,

① 黄宗忠.关于图书馆学研究对象、定义、功能的新思考(上)[J].图书馆论坛,2003(12):4-12,25.
② 周洪宇,程启灏,俞怀宁,熊建华.关于文化学研究的几个问题[J].华中师范大学学报:哲社版,1987(6):47-58.

"档案学不仅要研究档案和档案工作,而且要研究档案学自身的有关问题,还要研究其他相关方面、相关领域中的问题。所以,档案学的研究对象应界定得更抽象更简洁一些,即:档案现象及其本质与规律"①。这不就是对档案学研究对象的高度抽象与概括。当然档案学作为一门独立的学科,有其自身特有的研究对象,但对于档案学研究对象的认定学界一直是有所争论的。笔者在本书第二章对档案学的研究对象进行过系统的考察研究,认为在一门学科的研究领域内,研究对象的认定会随着时代的发展和所考察问题的变化而不断变化,并不存在一个一劳永逸的、静止不变的定论。我国档案学界对档案学研究对象的认识也是有一个由表及里、由浅入深的过程的,笔者在分析研究现有的各种有关档案学研究对象的观点后,提出将整合后的档案学(传统文书学和档案学的整合)研究对象从哲学的高度抽象和概括为"文件(广义的,包括档案)现象及其运动规律"。当然,如果广义的文件概念能成为共识的话,则可直接表述为"文件现象及其运动规律"。

其次,信息化时代档案学的研究对象并未发生根本改变。

刘文认为,档案学的研究对象不应该是档案、档案工作或档案规律,而是信息资源的档案化管理与人类记忆的长久保存,那么试问这还是档案学吗? 如果此说成立,那么图书馆学的研究对象是不是也不应该是图书馆了。图书是一种重要的信息资源,也是人类记忆的一种重要载体,图书馆也是人类记忆保存的场所,如此档案学与图书馆学的区别是不是只体现在信息资源的"档案化"管理方面。"化"作为后缀,"加在名词或形容词之后构成动词,表示转

---

① 冯惠玲,张辑哲. 档案学概论(第二版)[M]. 北京:中国人民大学出版社,2006:193.

变成某种性质或状态"①。在中国知网中搜索一下"档案化管理"的论文有很多,如"电子文件的档案化管理""信息资源的档案化管理""口述史料的档案化管理""微博信息的档案化管理""网页信息的档案化管理""社交媒体文件的档案化管理""期刊稿件的档案化管理""图书馆保存本的档案化管理"等。显然,"档案化"只不过是使传统认识中不是"档案"的事物通过"档案化"使其转变成具有"档案"的性质或状态,并采用档案管理的方法和手段纳入到档案的家族之中。正如何嘉荪、史习人指出的,"档案化"真正的含义就是"确保并且能够证明文件的真实性、完整性、可靠性和长期有效性(可读性、可理解性等),使文件有可能用作证据和作为档案保存。"此处的"文件"是广义的文件概念,即国际档案理事会1997年为文件下了新的定义:"文件是由机构或个人在其活动的开始、进行和结束过程中所产生或接收的记录信息,该记录信息由足以为其活动提供凭证的内容、背景和结构所组成,而不管其形式和载体如何。"②可见,信息资源的档案化管理也不过是将传统认识中不是档案的信息资源(但有可能具有档案性质)通过"档案化"纳入到档案之中并进行档案性质的管理。因而,档案学的研究对象是不可能脱离"档案现象"的,否则也不成其为档案学了。当然,随着文书学和档案学的整合趋势日益明显,档案学的研究对象有可能要扩大至(广义的)文件现象。

不仅文书学和档案学处在整合过程中,而且随着信息化的快

① 中国社会科学院语言研究所词典编辑室.现代汉语词典(第5版)[M].上海,商务印书馆,2005:587.
② 何嘉荪,史习人.对电子文件必须强调档案化管理而非归档管理[J].档案学通讯,2005(3):11—14.

速发展,图书馆学、情报学、档案学之间也出现了进一步融合的趋势。正是为了确保学科的独立性,才促使刘文从信息化时代三学科之间的关系去界定各自的研究对象:"从对信息的整理与服务的角度看,图书馆学、情报学与档案学是紧密相关的学科,在知识组织与信息服务的层面上,这三个学科的研究正在扩大与趋同。""档案学区别于其相关学科的,能够体现出其本质特征的学科研究对象是:信息资源的档案化管理与人类记忆的长期保存。"笔者在本书第二章中对此已作过简单分析,指出学科研究内容的交集,在当今学科特别是相关学科之间日趋融合的背景下,是一种十分正常的现象。但研究内容的这种交集,并不等于研究对象的等同。因此,不可将不同学科研究内容的交集当成是不同学科之间研究对象的交集,否则这些学科都将丧失学科的独立性,而成为某一上位学科的下位分支学科。刘文显然将"信息""知识"等图书馆学、情报学、档案学三学科研究内容的交集等同于研究对象的交集。笔者在本书第五章中,对此有过更为具体的论述。指出在"大信息观"的视野内,档案学、图书馆学、情报学无疑是"同族学科"——信息科学,具有共同的理论基础,即有关信息的搜集、存储、加工处理、传递和利用的基本原理和方法是可以相互借鉴互为作用的,但在研究内容的侧重点上会有所不同。研究内容由研究对象派生出来,它可以用本学科的理论作基础,也可以用其他学科的理论作基础,甚至兼而有之,因此各学科的研究内容可以有交叉,但研究对象绝对不能交叉,否则就会丧失学科的独立性。可见,三学科只是共同使用了信息科学的理论和方法来研究各自的图书、情报、档案的信息问题,从而造成了三学科研究内容的交集。类似的,三学科也可共同使用系统科学、控制科学的理论和方法来研究各自的信息系统问题。信息科学、系统科学与控制科学,作为提供方法论意义的横断科学,本就能够普遍适用于其他各门学科。当然,从信息工作的角度而言,图书工作、情报工作、档案工作在实践中是有许多共同之处的,从而使得三学科在实践应用层面具有了较高的相关度意义,也为三学科一体化的发展奠定了坚实的实践基础。此外,从学科自身的发展历史,三学科同宗同源,联系十分紧密;从时代发展的要求来看,计算机技术、通信技术和网络技术的发展,信息技术革命对传统的图书、情报、档案工作带来了严峻的挑战,共同面临着许多新的问题,如数字信息的价值鉴定与选择、保存,网络环境中数字信息的管理、利用方式等,这既拓展了图书馆学、情报学、档案学的研究领域,又促使三学科之间的相互渗透、吸收、融合,即在信息资源管理科学内实现图书馆学、情报学、档案学的一体化发展。因此,图书馆学、情报学、档案学有着共同的发展基础,联系十分紧密,但是由于三学科各自的研究对象之间存在差异,业已形成了各自相互独立的理论知识体系。因而在实际的研究工作中,如果片面地强调三学科之间的联系,而抹杀它们之间的特殊性,这是十分不可取的。

正如黄宗忠所指出的,科学的研究对象按其探讨的范围或表述的方式,可分为两种类型:一是以明确科学研究对象的外延为核心,强调研究对象概念外延的周延性(即实际领域有多大,就限定多大),研究什么是某一学科的研究对象,为学科划定一个研究范围。二是以科学研究对象的内涵为核心,尽可能详细地研究科学对象的结构、组成要素、本质、特征、功能、运动规律、内在联系等,以内涵为核心的表述,强调研究对象概念内涵的准确性,即抓住本质,这个概念的内涵是什么,研究对象就是什么。^① 这实际上就是事物的两种定义方式——外延定义和内涵定义^②。由于"档案学"一般都采用内涵定义的方式,这必然涉及档案学的上位概念和区别特征。档案学的上位概念是什么学科,这实际上是一个档案学的学科归属问题。笔者在本书第三章中已经指出,档案学根本不存在归属某一学科的问题(除非档案学不是一门独立学科)。对于独立学科而言,只能研究它的学科群体的归属问题,不能研究它的学科归属问题。档案学作为一门独立的社会科学,它与其他学科特别是与邻近的图书馆学、情报学等信息科学相比,其区别特征无疑就是反映其本质特征的独特的研究对象——档案现象及其运动规律。这不仅不会如刘文所说是"对档案学科学价值的狭义理解",会造成档案学发展方向的"茫然"甚至"失去自我",恰恰相反,是对档案学科学价值的正确认知,在学科高度融合的今天能明了档案学的发展方向,并始终保持独立的自我。即档案学是一门研究档案现象及其运动规律的独立的社会科学。学科名称是要反映和概括研究对象的,一般就是研究对象的名称。如果档案学的研究对象如刘文所说应脱离了档案、档案工作、档案规律等档案现象,那档案学还是档案学吗?因为逻辑起点是学科的研究对象之一,是学科研究对象中最简单、最一般的本质规定,如果档案学的研究对象确如刘文所说是"信息资源的档案化管理与人类记忆的

---

① 黄宗忠.关于图书馆学研究对象、定义、功能的新思考(上)[J].图书馆论坛,2003(12):4—12,25.

② 中华人民共和国国家标准 GB/T15237.1—2000《术语工作——词汇——第 1 部分:理论与应用》认为,内涵定义是用上位概念和区别特征描述概念内涵的定义,外延定义就是列举根据同一准则划分出的全部下位概念来描述一个概念的定义。

长久保存",那么档案学的逻辑起点将是"信息资源",在此基础上构建的档案学学科理论体系将完全不同于现有的档案学理论知识体系。

最后,从专业教育层面看,尽管图书馆学、情报学、档案学专业的一体化趋势日益明显,但作为独立的档案学专业依然存在,其依托的学科依然是档案学,并未发生改变。

刘文从档案学专业的角度来讨论档案学的研究对象问题,认为"以档案工作或档案规律确定为档案学的研究对象,带有强烈的行业色彩,容易将档案学研究领域锁定到档案行业内部,将其逼向狭隘的管道。行业色彩浓重的学科,不可避免地限制了人们的思维方式,使得研究视野较为偏狭,容易孤立看待事物与研究对象。"笔者对此十分费解。学科和专业是两个不同范畴的概念。专业一般指高校或中等专业学校依据社会分工需要划分的学业门类,学科原指规范化、专门化的知识体系的分类。尽管学科和专业具有内在的统一性,专业需要依托一定的学科知识体系,脱离了学科知识体系,专业也就成了空中楼阁。一个学科可以根据需要组成若干专业,不同学科之间也可设置跨学科专业,同一学科甚至可在不同专业领域应用,或者说某一专业可能被要求多种学科的综合。但学科和专业所追求的目标是不同的,学科追求的是知识的发现和创新,专业追求的是为社会培养专业人才。学科与专业并存,两者相互依存、相互促进。专业是学科承担人才培养职能的基地,学科是专业发展的基础。可见,档案学的学科发展问题和档案学的专业建设问题是两个不同层面的问题。长期以来,档案学专业被混同于作为一级学科"图书馆、情报与文献学"下二级学科的"档案学",从而才出现档案学专业人才培养过于专门化、知识面不宽,档案学学科研究方向较为狭窄、整体效率低下等问题。目前许多高校已经开始强化大学科和学科群意识,采取精减、合并专业的措施,使培养的专业人才更能适应社会的需要。笔者在本书第五章中曾经指出,从专业教育层面看,图书馆学、情报学、档案学专业的一体化趋势日益明显。即在信息社会,为了满足社会对一专多能的综合性信息人才的需求,笔者更倾向于进行信息资源管理类大类招生,在修完公共必修课程、大类专业基础课程的基础上再按学生志愿进行分专业方向的教育,以达到培养信息资源管理复合型人才的目标。当然,具体如何实践可根据各高校的实际情况进行选择。

有意思的是,如果我们认同韦冬余有关学科可以分为"科学研究中的学科"和"教育中的学科"(尽管"教育中的学科"更多的是指中小学的教学基本单位如语文学科、数学学科等)的观点,那么问题能够看得更清楚。作为科学研究中的"档案学"和作为专业教育中的"档案学"是有差异的,除了两者追求的目标功能不同,作为专业教育中的"档案学"它更重视档案学专门人才必备的知识体系的建构(以社会对档案学专业人才的需求为导向,以档案学学科主要知识为基础,辅以相关学科知识)以及专业定位及培养目标、教学计划、教学内容、教学方法、教学手段的研究与使用、教材、实验设计与开设等,这是作为科学研究中的"档案学"无法替代的。

由以上分析可知,刘文提出的"信息资源的档案化管理与人类记忆的长期保存"才是能够体现档案学本质特征的学科研究对象"的观点,无论在立论的角度、依据还是论证的逻辑推理上都存在问题。信息时代的确能拓宽档案学学科研究的范围领域,深化有关的研究内容,即从信息资源管理的角度去研究档案管理的问题,但绝不会导致档案学研究对象的改变,因而也不可能出现档案学本质特征的质变。档案学的本质特征就是"档案现象及其运动规律"或"文件现象及其运动规律"。

第二节　档案学的功能

据《现代汉语词典》对"价值"与"功能"的释义,"价值"是指"用途或积极作用","功能"是指"事物或方法所发挥的有利的作用;效能"。① 所以,一般情况下,档案学的价值和功能基本上是同义的。当然,从哲学的角度看,价值本身是一个关系范畴的概念,并不是一种"实体"性的存在,脱离了主体的客体本身并不具有价值意义。由于"功能即指事物的效用和价值,对一定的主体来说,功能是某事物存在和发展的应有意义和基本论据所在。因此,对功能、效用、价值的关注,是人们作为主体关注一定客体的着眼点。人文社会科学的功能即人文社会科学在社会认识和社会实践中的功效和可能起的作用"②。在《价值工程　第 1 部分:基本术语》(GB/T8233.1—2009)中更是直接将"功能"定义为"对象能满足某种需求的效用或属性",此处的"需求"当然是一定主体的需求。因此,档案学作为一门社会科学,其学科功能自然也是针对一定的主体而言的,在不作严格意义区分时事实上也就是学科的价值。

一、档案学学科功能的研究现状及其简要评析

关于档案学的功能问题,档案学界对此已有一定的研究,但研究状况不尽理想,主要表现在局部性的研究居多,整体性的研究偏少,缺少全面系统的研究。

---

① 中国社会科学院语言研究所词典编辑室.现代汉语词典(第 5 版)[M].上海,商务印书馆,2005:658,475.

② 欧阳康.人文社会科学哲学[M].武汉:武汉大学出版社,2001:170.

  陈永生认为档案学理论具有解释功能、批判功能、探索功能、预测功能和实践功能①。显然档案学理论的功能并不等同于档案学学科的功能,杨贵仁、林清澄、尹晋英②等也有类似的认识。丁华东则从学术主体的角度探讨档案学研究的学术研究功能,认为档案学研究的学术研究功能主要有认识功能、建构功能、沟通传承功能和现实指导功能③,由于学术研究的成果主要体现为相应理论成果,因而其研究结论基本上与陈永生等的研究类同,只是转换了一个研究视角而已。在这种局部性研究之中,胡鸿杰对档案学的主要分支学科——档案管理学、档案文献编纂学、档案保护技术学、中国档案史、档案学概论等的结构与功能做过系统深入的研究④,其研究既具体而微,也更有价值。由于整体是部分的有机统一,不能先于或脱离部分而存在,因而上述局部性的研究可以为档案学学科功能的整体性研究奠定一定的基础。

  不过,事物作为整体所呈现的特有属性和规律与各个部分在孤立状态下所呈现的属性和规律是有本质区别的。当部分纳入整体时其地位、性质或形态是会有所改变的。部分虽然是整体构成的基础,但毕竟是从属于整体的。因而认识事物不仅要研究部分,更要考察整体,将两者有机结合起来。可见,对于档案学学科功能

---

① 陈永生.档案学论衡[M].北京:中国档案出版社,1994:121—127.

② 杨贵仁在《从档案学理论的层次和功能看理论与实践相结合问题》(《浙江档案》1991年第7期)一文中认为,档案学理论具有预见作用和现实指导作用;林清澄、尹晋英在《档案学理论的三种功能》(《北京档案》1997年第2期)一文中认为,档案学理论具有指导功能、预见(测)功能和解释功能。

③ 丁华东.论学术自觉与档案学学术研究功能的实现[J].档案学通讯,2007(4):10—13.

④ 胡鸿杰.中国档案学的理念与模式[M].北京:中国人民大学出版社,2005:139—236.

的认识,也不能只见部分不见整体。

对于档案学学科功能的整体性研究,也已经有学者做过有益的探索。余源认为,档案学有研究自身问题的功能、研究档案的独特视角功能、拓展研究主体的功能以及档案学结构有自身管理的功能[①];梁珊认为,新形势下档案学具有促进档案信息的开发开放、为档案专业教学标准的制定提供合理依据、为我国精神文明建设提供强大动力的功能[②]。显然,余源、梁珊的这种研究因缺乏清晰的对档案学整体结构与功能的逻辑把握而显得较为随意,仅是一种简单的列举而已,其研究结论的科学性也大打折扣。张江姗认为,档案学在档案活动中承担两种学科功能:一是解决人类档案利用难题(直接功能),二是指导档案实践(间接功能),二者是档案学必须存在的根基[③];马仁杰、谢诗艺认为,档案学在具有科学基本功能的同时,也拥有自身特色,并在综合考虑学科特性、时代特点、国情现状的基础上,提出中国档案学的功能包括认知功能、方法功能、媒介功能、思想文化功能、社会管理功能、政治功能。[④] 应该说,张江姗、马仁杰、谢诗艺他们的确是试图真正从整体上去研究和把握档案学的学科功能的。但张江姗由于缺乏对档案学学科功能的系统性结构把握而显得不够完整,她只是试图揭示档案学学科功能的个性特色,而且她揭示的两种功能,解决人类利用档案的难题

① 余源.档案学的基本功能分析[J].湖南医科大学学报:社会科学版,2009,11(1):187-188.
② 梁珊.试论我国当代档案学的功能定位与发展趋势[J].黑龙江档案,2015(4):47.
③ 张江姗.档案学独立学科地位支点的理性思考[J].山西档案,2012(5):54-57.
④ 马仁杰,谢诗艺.刍议当代中国档案学的功能定位[J].档案学通讯,2015(3):14-17.

本就属于档案利用实践问题,应包括在档案实践之中,直接功能也就包含在了间接功能之中,因而其论述不足以使人信服。马仁杰、谢诗艺则已经明显考虑到了档案学学科的层级结构功能,认为认知功能、方法功能、媒介功能属于档案学学科的科学功能,思想文化功能、社会管理功能则是档案学作为一门社会科学所体现的社会科学功能的具体表现,资政功能(即政治功能)是档案学最具特色的功能。可见,马仁杰、谢诗艺已经真正从档案学作为一门学科的层面来思考研究档案学学科的功能问题,其研究成果可以成为后续研究的基础和参考。不过,他们的研究还有许多需要纠正补充完善的地方,如档案学的学科功能到底有哪些,其层级体系到底是怎样的,学科功能的真正内涵是什么,学科功能如何实现等等。孙大东在《中国档案学功能的方向问题研究》①中,认为中国档案学本身是一个复杂性系统,可以从微观、中观、宏观层面去考察档案学学科的功能,指出中国档案学的功能可分为正向功能和负向功能。孙大东尽管没有具体揭示档案学学科功能的具体表现,但该文可以让研究者拓宽研究问题的思路,具有档案学学科功能研究方法上的参考借鉴意义。

二、档案学学科功能的研究意义

对于一门无可替代的独立学科的认定,以往强调的是该学科有其自身特有的研究对象和专门的研究方法,不可或缺。现在学术界普遍认为,有无"专门的研究方法"只是衡量一个学科成熟与否的重要标志,但已经不再是衡量学科独立地位的关键尺度。因为,是"问题"而不是"方法"才是科学认识发生机制的核心要素,一

---

① 孙大东.中国档案学功能的方向问题研究[J].档案学通讯,2016(5):21—24.

个"问题"的解决,也许需要从许多学科中去寻求相关的材料、概念和方法,因此只有"问题"才规定着认识的研究路线和解答方式。可见,我们不能以档案学没有自己的专门研究方法而去质疑档案学的独立学科地位。"即使档案学并无专门的研究方法,也不能泯灭档案学独立的学科地位及其存在价值"[①],档案学之所以能够产生形成,是由于社会领域中存在的大量"档案理论和实践问题"需要从专业角度予以解决,而这不是单单依赖其他学科就能完全解决的。档案学之所以能成为一门独立的学科,除了其研究对象的特殊性之外,更主要的是档案学具有其他学科无可替代的"功能"。档案学独立学科地位的支点(或原点)不是明确的学科性质,也不是完善的学科理论体系,而是独有的学科功能。"档案学不能被其他学科所替代的决定性要素是什么?笔者认为这个决定性要素即是档案学无可替代的学科功能。"[②]其实,"就社会发展的总体趋势而言,倘若一门学科能够顺应社会发展趋势、满足社会实践需要、对本领域社会实践进行有效的理论指导,必将得到极大发展;反之,就必然招致萎缩与凋亡的命运。这一点我们已经可从经济学、政治学、法学等社会科学的发展历史中得到有力证明"[③]。当然,"无论学科性质、学科体系还是学科功能,它们之间本非此消彼长的对立关系,而是和谐共生的互动关系。显然,学科功能的清晰呈现,亦将完全有助于我们对学科性质和学科体系的深入研究和不

① 张江姗.档案学独立学科地位支点的理性思考[J].山西档案,2012(5):54—57.
② 张江姗.档案学独立学科地位支点的理性思考[J].山西档案,2012(5):54—57.
③ 林丹.学科性质、学科体系抑或学科功能?——理性审思教育学学科地位的独立原点[J].教育学报,2007,3(3):16—21.

断完善"①。

由此可见,如果我们对档案学自身的学科功能认识不清,必将影响到档案学学科功能的发挥和学科目标的实现,并会制约档案学的进一步发展。档案学学科功能研究的意义表现在以下几个方面。

1.明确档案学学科的发展方向。

档案学是一门应用性学科,因而"档案学侧重于对一些具体的科学管理理论、原则、方法和应用技术的研究,即使是对基础理论的研究,也大多是带有根本性的实际问题的理论研究。"②我国档案学发展至今,学科的基础理论及整体框架已经形成,因而今后档案学的发展方向,在已经取得档案学独立学科地位的背景下,要从建构、丰富、发展完善学科基础理论和学科理论知识体系转向解决档案与档案管理实践中面临的现实问题。关注重视档案与档案管理实践活动中面临的各种重大的、重要的现实问题,是我国档案学研究的一个优良传统。因而,将档案学研究视野转向档案与档案管理活动所面对的现实问题及其应用实践,通过实现档案学的学科功能来解决现实问题,而现实问题的解决又能促进档案学的发展,从而使档案学在面对社会档案领域时,既有解决实际问题的能力,又能使档案学在实践的推动下保持旺盛的生命力。

2.厘清档案学学科发展的边界。

随着社会的不断进步发展,运用多学科理论和方法对事物和

---

① 林丹.学科性质、学科体系抑或学科功能? ——理性审思教育学学科地位的独立原点[J].教育学报,2007,3(3):16−21.

② 冯惠玲,张辑哲.档案学概论(第二版)[M].北京:中国人民大学出版社,2006:197.

问题的研究越来越系统深入，并促使不同学科之间的交叉与融合，这是现代科学发展的一个趋势。档案与档案管理作为一种复杂的社会事物，档案学同样需要借助相关学科如图书馆学、情报学等的理论和方法，"档案学同许多相关学科之间存在着交叉地带和边缘区域"①，因而我们既要认同这种发展趋向，但更要厘清档案学和这些相关学科发展的边界，不能使档案学的发展出现无边界的扩展。如果模糊了档案学和相关学科的边界，进而造成档案学和这些学科功能之间的类同，那么最终将使档案学丧失独立学科的地位。

3. 强化档案学的学科发展意识。

长期以来，实际档案工作者对档案学理论脱离实际的质疑之声不断。且不论这些质疑是否科学，但这本身是值得档案学研究者认真反思的。应该说，我国档案学是始终关注档案与档案管理活动现实的，但在档案学成为一门独立学科之前，将研究的视野放在自身基础理论和学科体系的建设完善上，也是无可厚非的。但档案学发展到今天，我们要明确档案学的学科功能，将研究的重点放在社会档案领域的一些重大的、重要的现实问题上，让档案学真正回到社会现实生活，而不再囿于形而上的学院理论中，从而提升档案学的研究水平，增强学科自信心，从而使档案学学科发展意识同档案与档案管理活动现实问题的有效解决产生良性互动，最终有助于提高档案学的社会地位。

三、档案学学科功能的定位

档案学的学科功能，就是档案学学科内部诸要素之间、以及档

---

① 冯惠玲，张辑哲. 档案学概论（第二版）[M]. 北京：中国人民大学出版社，2006：207.

案学与外部社会环境之间相互发生联系作用时所表现出来的特征和效果。对档案学学科功能的定位，就是要明确档案学学科功能类型及表现形式。

目前档案界有关档案学学科功能的前述研究成果（无论是局部性研究还是整体性研究），还都不够全面系统。笔者认为，档案学学科作为一种客观存在的社会事物，与社会系统、科学系统等存在着密切的联系，因而对其学科功能的认识也需要在不同层面上予以揭示，档案学学科功能具有一个不同层级的功能体系。

从宏观上看，档案学在整个社会系统中具有相应的社会功能。社会为什么需要档案学，是因为档案学对社会发展有用。"档案与档案管理是人类社会时空统一性与连续性的维系之道"[①]，这才是重在研究档案与档案管理的档案学为社会所认可接受的真正原因。那么，档案学的社会功能到底是什么？有些学者往往从档案与档案管理在社会中所起作用的角度去揭示档案学学科的社会功能，如前述马仁杰、谢诗艺认为思想文化功能、社会管理功能是档案学作为一门社会科学所体现的社会科学功能的具体表现（事实上笔者认为他们所提出的资政功能即政治功能也应包含在内）。且不论这种立论的角度是否科学，如果单从这种档案与档案管理的具体作用角度去表达档案学的社会功能，那是可以推导出许多功能的，如凭证依据功能、工作参考功能、社会记忆保管功能等等。可见，档案学的社会功能应从学科自身在社会系统中起什么作用去界定。如此，笔者认为档案学的社会功能具体表现在档案学学术研究平台、档案学专业人才培养及档案文化传承三个方面。

社会需要档案与档案管理，因而需要对档案与档案管理进行

① 张辑哲.维系之道——档案与档案管理[M].北京:中国档案出版社,1995:序1.

相应的学术研究和专业人才的培养。档案学学科作为档案与档案管理的主要学术研究平台,可以凝聚广大的档案学学术研究者,形成有关的档案学学术共同体,解决大量档案与档案管理中的现实问题,不断提高对档案与档案管理的理性认知和科学性。

档案管理是一项专业性的活动,需要由相应的专业人士来进行,因而社会需要档案学专业人才。学科一个重要的社会功能就是制定相应规格为社会培养所需要的专业人才。因此,档案学就成为档案学专业人才培养所必须依托的主要学科,从而使档案学专业人才具有扎实的档案学理论基础,并能把理论知识有效转化为实际的应用能力,为档案事业的长远发展提供源源不断的人才保障。

"档案文化是人类社会各种组织和社会成员,通过有意识的创造性劳动,逐步积累和保存下来的维系和促进人类历史文明延续和发展的物质与精神文化财富。"[①]档案是一种文化遗产,档案管理活动中形成的方法、技术、手段以及有关的标准、制度等等也是一种文化成果,无论是对档案的科学认知还是从档案管理实践活动提炼出来的有关理论和技术方法,最终都会体现在档案学学科理论知识体系之中,档案学自身作为一门学科也是人类宝贵的一种文化财富。因此,档案学学科也就承担了档案文化传承的社会功能。

从中观上看,档案学在科学系统中具有相应的科学功能。社会系统是由政治、经济、文化、宗教、心理等系统构成的,科学系统是其重要的一个分支系统。但科学系统自身又是由众多的学科构成,档案学是其中的一个构成要素。因而,科学所具有的一般功

---

①　王英玮.档案文化论[M].北京:中国人民大学出版社,1998:1.

能,如解释功能、批判功能、探索功能、预测功能和指导实践功能等,档案学自然也会具备。所以,只要各门学科结合自己的研究对象和研究领域去进行论述,并无多大问题,但笔者认为这种科学功能的具体揭示抽象的程度不够,因而感觉很难概括完整得当。苏联著名科学家 Π. A. 拉契科夫指出,无论是自然科学还是社会科学,"从任务和结构的观点来看,这两大类科学在本质上相互没有区别。就其性质而言,它们是统一的:两者都依靠事实和科学方法论来研究现实的客观规律,并且建立理论"①。"科学的主要任务,是成为人们合理的、最有效的活动的基础。科学揭示现实发展的基本方向和趋势,同时阐明使我们的行动与周围世界的条件和要求一致起来的途径和形式,指出怎样才能使这些途径和形式成为最合理的。科学之所以能够给予这样一些'指示',首先是由于对现实的规律、本质联系和关系的分析。"②并认为这才是科学最基本的功能。(尽管他没有概括出一个恰当的名词来指称,但表述的意思是十分明确的。)"科学的这个普遍的、通用的功能附属着一系列局部的、具体的、表征人类活动各个领域中科学作用的功能。"如认识功能、文化教育功能、实用功能等。③ 如此,档案学的科学功能是否也可表述为:对社会诸档案活动行为(如档案管理活动、档案专业教育活动、档案学术研究活动等等)给予最为合理科学的"指示"功能。当然这种档案学的科学功能具体是可以有多种不同的表现

---

① [苏]Π. A. 拉契科夫.科学学——问题·结构·基本原理[M].韩秉成,胡新和,等译.北京:科学出版社,1984:51.
② [苏]Π. A. 拉契科夫.科学学——问题·结构·基本原理[M].韩秉成,胡新和,等译.北京:科学出版社,1984:54.
③ [苏]Π. A. 拉契科夫.科学学——问题·结构·基本原理[M].韩秉成,胡新和,等译.北京:科学出版社,1984:55.

的,如解释功能、批判功能、探索功能、预测功能和指导实践功能等,但如何具体更具逻辑合理的揭示,是可以进一步研究的问题。

　　档案学是由诸多术语、理论、技术、方法等内部要素构成,它们相互作用通过一定的结构构成档案学的理论体系。因此,从微观上看,档案学自身作为一门科学,本身具有理论体系的建构和反思的功能,以此推动档案学的不断发展。档案学理论体系是否完善虽然不是档案学是否是独立学科的决定性因素,但它是档案学成熟与否的一个重要标志。任何一门学科产生形成以后,都会有建构学科理论体系并通过反思不断追求理论体系完善的功能。档案学也不例外。

　　总之,"档案学的功能是档案学这门学科立足的基础,也是档案学能否受到社会重视的基础和关键,档案学功能发挥状况不仅决定档案学如何发展,甚至决定档案学能否生存"①。档案学之所以能够产生形成并不断得到发展,说明档案学在社会领域和科学之林中有着自己独特的功能和地位,正确把握档案学的学科功能,才能使档案学得到可持续的发展。

第三节　档案学的地位

　　档案学的学科地位就是档案学在整个学科体系中所处的位置,即因其影响力而取得的认可度或声望度。

　　关于档案学的学科地位问题,社会上存在一些质疑和负面评价(有些甚至是来自于档案界内部),但档案学界对此进行的理性

---

① 丁梅.以档案学理论前设看其理论取向[J].西南大学学报:社会科学版,
　　2008,34(6):164-165.

思考研究较少,真正研究档案学学科地位的论文屈指可数①,这与相邻的图书馆学形成较大的反差。"国内最早论述图书馆学学科地位问题的文献发表于 1983 年。30 多年来,学科地位问题一直为国内图书馆学界所持续关注,且大有发展成为困扰学界的一大'病症'的趋势。"②究其原因,笔者认为,主要是图书馆学界的危机意识、忧患意识比档案学界要强得多。"整体上看,目前学界倾向性地认为图书馆学学科地位偏低或者说没有得到应有的地位,但也有学者持乐观的看法。"③学科的危机意识、忧患意识是学科发展中求变、创新的重要思想动力,也是学科走向成熟的一个标志。档案学界的情况正好相反。正如胡鸿杰指出的,图书馆学的发展水平远远高于档案学,但他们依然认为"需要增强自身的活力,提高自身的学科地位。而中国档案学界的情况恰恰相反,除了少数学者存在一定的忧患意识之外,更多的研究者则仍然保持着高度的乐观主义精神。""这种孤芳自赏的心态就是造成中国档案学理论现状的根本原因。"④档案学界的这种"乐观主义精神"表现在看待档案学学科地位时,更多的基于学科自身发展的纵向时间维度,认为档案学发展至今,已经成为独立的学科,有了一个基本的理论体系,档案学的地位较之前已大有改观。但学科地位的高低实质上是基于不同学科横向空间维度的比较结果,这比学科自身的历史

---

① 笔者在中国知网分别以"学科地位"或"地位"为主题并含"档案学"为关键词在进行精确检索,分别得到 21 和 69 条结果,但真正专门研究探讨档案学学科地位的论文极少,主要的有吴雁平的《从历年国家哲学社会科学基金项目立项情况看档案学的地位与作用》(《档案学研究》2003 年第 2 期)和周璐的《从数据统计看中国档案学的学科地位》(《档案与建设》2009 年第 10 期)。
② 刘海鹏,张敏.国内图书馆学学科地位研究综述[J].图书馆建设,2014(5):6—10.
③ 刘海鹏,张敏.国内图书馆学学科地位研究综述[J].图书馆建设,2014(5):6—10.
④ 胡鸿杰.中国档案学的理念与模式[M].北京:中国人民大学出版社,2005:290.

发展比较更令人信服。因此,我们必须对档案学的学科地位有一个清晰的认识。

一、档案学学科地位认识的几个误区

学术研究本无高低之分,但社会对不同的学术研究的需求程度和供给力度不同,必然使得不同的学术研究事实上存在地位的差异,并突出反映在学科地位上。"学科地位都是学术研究的产物。没有学术研究,不可能有学科地位。但是,有了学术研究,并不意味着就有了学科地位。"[①]档案学能在科学之林中生存发展,自然是因其独有的学科功能而为社会所需,这是不争的事实。但研究档案学的学科地位问题,需要避免认识中存在的一些误区。

一是认为档案学取得了独立学科的资格,已经解决了档案学的学科地位问题。档案学在未成为一门独立学科之前,如何成为一门独立的学科并屹立于学科之林曾是档案学发展的目标追求。经过档案界的长期努力和档案学的不断发展,档案学目前已经成为公认的一门独立学科。这在档案学发展史上是一个关键性的标志。但档案学独立学科地位的取得,只是解决了档案学学科地位有无的问题,依然存在档案学学科地位高低的问题。如何进一步提高档案学的社会认可度或声望度,这是今后档案学在学科地位上的新目标。

二是认为档案学自 20 世纪 30 年代产生以来已有近 90 年的发展历程,特别是档案学成为一门独立学科之后,其学科地位早已今非昔比。一般来说,学科发展的历史越长,学科发展水平会有所提

---

① 雷洪德.学术研究与学科地位——对一个国家重点学科发展史的案例分析[J].研究生教育研究,2011(6):19－23.

高,社会的知名度也会有所提升,因而从学科自身发展的纵向时间维度看,学科的地位可能会有所提高,这是事实。但学科发展的历史长短,并不是学科地位高低的决定性因素。如情报学发展的历史明显要比档案学短,但其学科地位远远高于档案学。因此,对于档案学学科地位的认识,不能因档案学比一些新兴学科的发展历史长而沾沾自喜,故步自封,而必须从横向空间维度与其他学科特别是相邻学科进行比较,以便有一个清醒的认识。

三是认为档案学在国家的学科、专业目录中的位置就是档案学实际所处的学科地位。其实,不同的学科与学术研究本身一样,在理论上是不应该有地位高低之分的。但事实上,不同的学科在实践中因社会对其需求程度的不同以及发展水平的不同而在学术声誉、资源供给、社会影响等方面有时存在相当大的差别,突出地表现在学科建设、专业建设、学位点建设方面,往往都要受制于学科在学科分类体系中的层级位置。客观地说,一门学科在国家学科、专业目录中的层级位置的确在一定程度上反映其学科地位,甚至也可以作为学科地位自身发展提升的一个标志,但并不是一个真正的学科地位衡量尺度。档案学从早期归在历史学下的二级学科历史文献学之中①,到现在档案学与图书馆学、情报学等一起成

---

① 如在《授予博士、硕士学位和培养研究生的学科、专业目录》(1990年)中,"历史学"门类中一级学科"历史学"下设有二级学科"历史文献学(含:档案学、敦煌学、版本目录学等)"。

为一级学科或独立的二级学科①，档案学的学科地位对比自身以往是有很大的提高。但需要清醒的是，这种学科分类只是依据学科的性质来进行的，并不是学科真正实力的排名。有些二级学科、三级学科比其他一级学科实力要强、学科地位要高的现象比比皆是。因此，切莫因为档案学成为一级学科或独立的二级学科而盲目自信乐观。

二、档案学学科地位评价的标准

档案学学科地位的认定，实际上是一种学术评价。评价是需要标准的，标准不统一、不科学，必然会导致评价结果的差异甚至大相径庭。因此，要对档案学学科地位有一个正确的把握，首先必须找到影响学科地位的关键性因素，然后据此确定科学的评价标准。

影响学科地位的因素有很多。"影响或决定学科地位的因素，既有经济的，也有社会的；既有定性的，也有定量的；既有主观判

---

① 如《学位授予和人才培养学科目录（2011 年）》在"管理学"门类下设有"图书情报与档案管理"一级学科，《普通高等学校本科专业目录（2012 年）》在"管理学"门类下设有"图书情报与档案管理类"专业（包括图书馆学、档案学、信息资源管理三个专业）。但笔者始终认为，《学位授予和人才培养学科目录（2011 年）》《普通高等学校本科专业目录（2012 年）》只是设置和调整专业、实施人才培养、安排招生、授予学位、指导就业，进行教育统计和人才需求预测等工作的重要依据，它还不是真正意义上的学科分类。因而《中华人民共和国学科分类与代码国家标准》（GB/T 13745—2009）中特别指出，"本标准中出现了一些学科与专业、行业、产品名称相同的情况，是出于使学科名称简明的目的，其内在含义是不同的。"在该标准中，一级学科的"管理学"是放在"工程与技术学科"门类中，而一级学科"图书馆、情报与文献学"却放在"人文与社会科学"门类中，作为二级学科的"档案学"又在一级学科"图书馆、情报与文献学"之中。

断,也有数量表述。学科地位的研究面临一个由相互关联、相互制约的众多因素构成的复杂系统,具有复杂性和多维性。"①比如,在自然科学(基础科学和工程科学)学科地位评价中,会考虑国家科学技术政策导向、基金项目、重点实验室、SCI、EI、ISPT、成果获奖、研究人员队伍等等诸多因素,事实上更偏重于考察学术研究的质量水平和学术研究人员的素质。对于人文社会科学而言,目前学界对于学科地位更多考察的是学科自身的理论建设水平以及对其他学科的影响程度。"影响一门学科在学科之林中地位的因素可概括为两点:是否形成了正确完善的理论体系,理论是否能够科学反映社会实践以及理论能否对实践发挥指导作用;学科影响因子,即该学科是否拥有能够为其他学科所共享的普遍性知识。"②应该说,这是抓住了影响学科地位的关键性因素。因为,"回顾从近代以来的学科发展史,不难发现每一个时期都有自己的领先学科。从中我们可以概括出,学科先进性的评价标准至少应包含两个方面内容:一、发展出比较抽象的成熟的基本理论,二、能够广泛深入地渗透入其他相关学科中,带动其他学科快速发展"③。因此,影响学科地位的关键性因素也可以表述为学科的形式结构和基本功能。"我们认为学科标准应包括两大方面:一个是学科的形式结构,另一个是学科的基本功能。学科的形式结构,指的是在形式上是否具备学科的研究对象,是否有本学科的概念、范畴、专门术语、

① 张晓加,毕加正.综合评价自然科学学科地位的层次分析模型[J].科学学研究,1997(4):23-27.

② 张新兴,郑永田,杨志刚.基础研究与图书馆学的学科地位[J].图书馆,2012(2):4-6,15.

③ 尚喜雨,王传铭,文祯中.对生态学学科地位与现状的反思[J].平顶山学院学报,2007,22(5):115-118.

学科的基本命题、原理。也可能适当地考虑是否具备自身的研究方法,以及在此基础上是否形成了本学科的理论体系,以及该学科与其他学科的区分度如何,是否具有高度的专门性和不可替代性。学科的基本功能,其一指该学科对它所研究的对象的包容程度,描述、解释、说明程度,指导实践和预测未来发展的能力及程度;其二指该学科对其他学科的影响程度,即能否给别的学科提供事实、概念、理论和方法,这一点也称为学科的可'迁移性'或'延伸性'。"①

关于档案学学科评价问题,陈永生早在1991年就提出过学科性和功用性的标准,认为这是两种不同的价值系统,既矛盾又统一,"各有其存在的必要,不能以高低对错去衡量,也很难说谁的作用更大"②。这与目前提出的档案学评价的事实评价标准与理性价值评价标准相类似。在对待事实评价标准与理性价值标准时,不同的学者有不同的认识。如胡鸿杰认为,在以往对中国档案学及其理论的评价中,人们大多注意了这种理论与社会实践的吻合程度,也就是采用了"外部证实"——事实评价的方法。这种方法虽然比较直观和易于掌握,但存在逻辑的困境和操作的困难,需要一种根据理论的"内部"的状况去说明理论价值的方法——理性价值评价的方法。理性价值评价的方法是通过学科本身的特征去分析和说明学科的状态,进而揭示这一学科对科学理论本身的贡献的评估体系,并据此认识该学科在科学体系中乃至在社会需求体系中的地位和作用。当然,理性价值评价并不排斥事实评价,它是对

---

① 刘振天.科学体系中的教育学:它的地位和追求[J].教育研究与实验,1998 (3):14-18.

② 陈永生.论档案学的学科性与功用性——兼论档案学的评价问题[J].北京档案,1991(2):10-12.

事实评价的必要补充,使其结果更为充分、全面和具体。① 因此,笔者十分赞同黄世喆的观点,即"理性价值评价标准是对中国档案学进行评价的重要标准,同时,事实评价标准也是必不可少的。对一门学科进行评价,应当将'外部的证实'和'内在的完备'两种标准结合起来"②。

笔者认为,理性价值评价标准和事实评价标准实际上抓住了影响档案学学科地位的两个关键性因素。结合前述其他学科有关评价标准的研究成果,对这两个标准可作如此理解,即档案学"内在的完备"就是档案学具有自身的研究对象和理论体系完善程度,档案学"外部的证实"就是档案学对档案实践活动的解释、指导、预测等能力程度以及档案学对其他学科的"迁移"或"延伸"程度。

三、档案学学科地位的界定

要对档案学的学科地位有一个精确的界定,是不太现实的。因为,即使建立了一个学科的评价标准指标体系,由于涉及的指标复杂众多,且又难以保证指标设置的科学合理,因此即使采用量化也不一定保证结论的绝对正确。因此,对档案学的学科地位的界定,我们只能有一个总体的比较准确的把握,以便明了档案学在科学体系中的发展状况和今后的努力方向,不断提高档案学的学科地位。

总体上说,档案学虽然已经成为一门独立的学科,但在整个科

① 胡鸿杰.中国档案学的理念与模式[M].北京:中国人民大学出版社,2005:239—244.
② 黄世喆.关于中国档案学评价机制诸问题的思考[J].档案学通讯,2006(5):17—20.

学体系中的地位并不高。这是不争的事实,应该是大多数人能够认同的。

由于信息科学可划分为信息管理科学与信息技术科学两大类。信息管理科学下的应用学科主要是针对特定的信息(即部门信息或领域信息)研究而言,图书馆学、档案学、情报学就是其中发展较为成熟的三个主要的应用学科。[①] 因此,为了更清晰地展现档案学的学科地位,也许从"同族学科"——信息科学中去比较更有意义,也更便于把握。

在信息管理科学中,这三门"作为'辅助'与职业训练科目的图书档案情报学科","目前发育比较完善的学科是情报学,但是早期学科基础主要是图书馆学和档案学。""在中国,图书馆学和档案学也一直是弱小的学科。1949 年之前,档案学根本没有取得独立学科的地位,图书馆学的状况要好一点"。[②] 情报学之所以能在三学科中脱颖而出,主要是由于"情报学以信息检索与查寻理论为基础,以满足人类信息需求、强化竞争优势为目标,通过对知识管理、竞争情报或社会情报等核心问题的系统研究,必将为人们查寻、获取和使用信息来创新知识、活用知识做出应有的贡献。正因为如此,情报学作为信息管理学的子学科在信息科学群中也必将占有越来越重要的地位。"[③]其实,信息管理学科在国外的学术地位不

① 冯桂珍,吴建华.论信息科学及其学科体系——兼论档案学在信息科学中的地位[J].档案学通讯,2004(2):21—25.
② 李刚,孙建军.从边缘到中心:信息管理研究的学科范型嬗变[J].中国图书馆学报,2008,34(5):5—13.
③ 岳剑波.情报学的学科地位问题[J].情报理论与实践,2000(1):5—7,38.

高,"比较而言,中国的信息管理学科学术地位更为低下。"①而档案学在信息管理科学这三门应用学科中的地位又是最低的。

其实,从档案学"内在的完备"来看,无论是学科的基础理论还是理论体系方面,与情报学、图书馆学相比,存在明显的不小的差距。从档案学"外部的证实"来看,档案学学术研究中理论脱离实践的情况也不少,并不时遭到来自档案管理工作者的诟病,档案学对档案实践活动的解释、指导、预测等的能力还较欠缺;档案学的学科影响因子极低也是一个不争的事实,即档案学学科吸收借鉴其他学科理论知识多而付出极少,这与图书馆学的信息计量法、引文分析法等为其他学科广泛采用相比,档案学理论的影响仅仅局限于本学科之内,对其他学科的"迁移"或"延伸"程度极低,在科学家族中是一个明显的"消费者"。这些都直接影响着社会与公众对档案学的认知与评价,从而使得档案学学科在基金项目、重点实验室、SSCI、成果获奖、研究人员队伍等等诸多因素方面都要弱于情报学和图书馆学。

总之,在整个科学体系中,"档案学的社会公认度还不是很高,学科发展还不够成熟和稳定,但它的生长速度是很多成熟学科所不具备的,总的来说,档案学的发展态势和前景都是好的"②。因此,对待档案学学科地位的这种客观现状,我们既要有学科的忧患意识,但更要增强档案学界的学科自信,进一步加强档案学基础理论研究,努力完善档案学的学科理论体系,并不断提升对档案实践活动的指导能力,促使档案学学科地位的进一步提升。可以说,档

---

① 李刚,孙建军.从边缘到中心:信息管理研究的学科范型嬗变[J].中国图书馆学报,2008,34(5):5—13.
② 周璐.从数据统计看中国档案学的学科地位[J].档案与建设,2009(10):14—18.

案学在成为一门独立学科之前,我们的目标和任务是努力捍卫档案学;成为独立学科之后,我们的目标和任务是努力发展档案学,进一步提高档案学在学术界的地位。

第十一章 档案学发展规律之研究

　　档案学产生与发展的历史脉络较为清晰,特别是从 20 世纪 90 年代以来得到了较快的发展和进步,可以发现蕴藏其中的一些发展规律。通过探寻和掌握档案学的发展规律,将有助于推动档案学的进一步健康发展。

第一节　档案学发展规律研究的认知前提

　　研究档案学的发展规律,必须具备以下认知前提。

　　首先,必须区分档案学的发展规律与档案学的发展特征(或特点)。

　　从目前学术界的研究情况看,对于学科的发展规律和学科的学术研究活动规律是能够区分清楚的,但对于学科的发展特征与发展规律,有的学者则往往把它们混同在一起不加区分。笔者认为,学科的发展特征和发展规律并不是同义词。学科的发展是一个曲折、复杂的前进过程,按照库恩的描述,由前科学→常规科学→反常→危机→科学革命→新的常规科学→新的反常与危机→新的科学革命……的不断演进发展,学科在不同的发展阶段会有不同的发展特征,因为事物的发展特征是一种表象,具有直观性和不稳定性。规律则不同，"规律就是客观事物自身固有的，体现于空间分布、时间过程、运动发展之中的本质的、必然的、巩固的联系"，"规律具有客观性、普遍性、必然性和稳定性四个主要特性"。① 可见，学科的发展规律是贯穿于学科整个发展过程的。

　　其实，从哲学角度看，"现象是事物的表面特征以及这些特征的外部联系"②。事物的现象也就是事物的表象（此处"表象"不作为一个心理学术语使用），事物的本质就是事物的本来面目。因而对于档案学的发展特征或特点的分析把握，虽然也需要对有关材料的直接梳理和观察，并进行相应的逻辑研究，但这种分析出来的发展特征或特点，相对于档案学发展规律而言，仍然只是一种表象，因为它具有表象的直观性和不稳定性。而规律则是事物运动过程中固有的本质的必然的联系，它决定着事物发展的过程和基本趋势。规律具有客观性和普遍性，不依人的意志为转移。可见，现象是表面的，只有规律才是本质的。因而研究档案学的发展规律同样需要和档案学的发展特征或特点区别开来，这是研究档案学发展规律问题的认知前提。

　　关于档案学的发展特征，档案学界在对档案学发展分期的研究中都会有所涉及。如吴宝康、冯惠玲、寒江、李财富、李珍、丁华

①　关西普，汤步华.科学学[M].杭州：浙江教育出版社，1985：15.
②　上海市高校《马克思主义哲学基本原理》编写组.马克思主义哲学基本原理（修订本）[M].上海：上海人民出版社，1980：135.

东、陈祖芬等等都曾经从不同的角度探讨过档案学的分期问题[①]，正是由于分期所采用的标准不同因而对其不同发展阶段档案学发展的特征概括也有一定的差异，这也印证了档案学发展特征的直观性和不稳定性。而目前档案学界有关档案学发展规律的研究成果极少，笔者以"发展规律"为主题并含"档案学"为关键词在中国知网上进行精确检索，共得到 20 条结果，其中专门研究档案学发展规律的只有李财富的《中国档案学的发展规律》(《档案学通讯》2003 年第 1 期)和赵连强的《试述我国档案学的发展特征与发展规律》(《今日科苑》2007 年第 18 期)、《我国档案学的发展特征与发展规律》(《科技创新导报》2007 年第 31 期)，但赵连强的两篇论文有关档案学发展规律的论述与李财富雷同。而当笔者以"发展规律"为主题并含"图书馆学"为关键词在中国知网上进行精确检索，共

---

① 参见吴宝康《档案学理论与历史初探》(四川科学技术出版社，1986 年)，寒江《中国档案学发展史的分期问题》(《湖南档案》1988 第 1 期)，杨桂仁《从学科体系的发展看我国档案学的历史分期问题》(《浙江档案》1992 年第 1 期)，黄存勋《中国现代档案学史的分期及其启示》(《档案与建设》1999 年第 2 期)，李财富《中国档案学史论》(安徽大学出版社，2005 年)，冯惠玲、张辑哲《档案学概论(第二版)》(中国人民大学出版社，2006 年)，李珍、丁华东《关于档案学学术分期的思考》(《档案学研究》2007 年第 5 期)，陈祖芬《关于档案学发展史分期结构的反思》(《成都大学学报(社科版)》2010 年第 4 期)，卢星《档案学学术分期研究及其思考》(《云南档案》2013 年第 7 期)等。需要说明的是，目前档案学界有关档案学发展分期的各种研究，都是依据档案学发展的不同特征从不同角度来进行划分的。但有的学者的确存在将发展特征与发展规律混同的问题。如李珍、丁华东在《关于档案学学术分期的思考》一文中关于档案学学术分期提出了各种划分方法，其中从学科范式的演变角度认为档案学的发展可以分为前科学时期、常规科学时期、新常规科学时期。显然，笔者认为，这种从学科范式演变，正是档案学作为一门学科发展的内部规律，因为无论档案学发展的外部环境条件如何，档案学自身作为一门学科都会按照这一规律渐进发展。

得到 36 条结果,专门研究图书馆学发展规律的论文则有 11 篇之多。这种现象说明,一方面档案学发展规律的研究难度要大于档案学的发展分期及其发展特点,研究关注的学者不多;另一方面,档案学界对档案学发展规律的研究,无论是研究成果的数量还是质量都远远落后于图书馆学界对图书馆学发展规律的研究。

其次,档案学的发展规律具有层级结构体系。

由于事物的规律所反映的事物联系可以有所侧重,如事物的空间结构联系、时间过程联系、运动因果联系等,因而就有事物的空间结构性规律、时间过程性规律和发展动力性规律等等。由于"现代科学的发展已经证明,不但空间、时间、运动是物质存在的形式和属性,系统也是物质存在的形式和属性。而系统是有结构、分层次、相互联系的动态整体。因此,规律也必然是有结构、分层次的系统,不同的规律有不同的作用范围,同时又相互联系和制约"①。可见,规律也是有结构分层次的系统,可分为宏观的(整体的、一般的)规律和微观的(部分的、特殊的)规律。比如,目前人们普遍认为,科学技术总体的发展规律是宏观规律,整体结构中各部分的特殊规律就是微观规律。因而,档案学作为一门独立的社会科学,社会科学的发展规律与档案学的发展规律是一般规律和特殊规律的关系;同时,档案学的发展除了自身因素外还与社会环境密切相关,如此档案学的发展规律也就可以分成内部发展规律(立足于档案学学科自身因素)和外部发展规律(立足于档案学的外部环境因素)。可见,对档案学发展规律的研究,不能只做平面的描述。

关于事物的内部规律与外部规律的问题,在教育学、文学等学科的研究中已有不少成果。如著名教育学家潘懋元教授就提出了教育的外部关系规律与内部关系规律。认为教育的外部规律,指的是教育作为社会的一个系统与整个社会系统及其他子系统——主要是经济、政治、文化系统之间的相互关系的规律;教育的内部规律(或叫教育自身的规律),指的是教育作为一个系统,它内部各个因素或子系统之间的相互关系规律。教育内部规律的运用要受外部规律的制约,外部规律要通过内部规律起作用。① 又如著名文学家刘再复认为,文学研究要"由外到内,即由着重考察文学的外部规律向深入研究文学的内在规律转移"②。当然,关于内部规律和外部规律,有的学者会质疑,认为从马克思主义哲学观点看,这是常识性错误的说法,规律不存在外部。对此,学术界特别是教育学界、文学界一直是有争论的。但从目前情况看,赞同者要多于反对者。因为,坚持马克思主义,要敢于创新和探索,不能墨守成规。其实,毛泽东同志在《矛盾论》中指出:"由于特殊的事物是和普遍的事物联结的,由于每一个事物内部不但包含了矛盾的特殊性,而且包含了矛盾的普遍性,普遍性即存在于特殊性之中,所以,当着我们研究一定事物的时候,就应当去发现这两方面及其互相联结,发现一事物内部的特殊性和普遍性的两方面及其互相联结,发现一事物和它以外的许多事物的互相联结。"③这里的内部是相对于该事物以外的"外部"而言的。全面地区别不同的事物仅仅使用"普遍"和"特殊"是不够的,还必须使用"内部"和"外部"。研究一事物内部的特殊性和普遍性及其互相联结就是研究事物的内部规

---

① 潘懋元.潘懋元高等教育学文集[M].汕头:汕头大学出版社,1997:143-157.
② 刘再复.文学研究思维空间的拓展[J].读书,1985(2-3).
③ 毛泽东著作选读(上册)[M].北京:人民出版社,1986:137-179.

律,研究一事物和它以外的许多事物的互相联结就是研究事物的外部规律。毛泽东同志在《矛盾论》中还指出"一切客观事物本来是互相联系的和具有内部规律的",虽然没有提及"外部规律",但从语义逻辑上是可以得到外部规律这一概念的。由此可见,"内部规律""外部规律"和"普遍规律""特殊规律"不是同一概念。前者是就事物的范围而言的,后者则是事物的抽象性和具体性。

因此,将档案学的发展规律分成内部发展规律和外部发展规律是有一定的理论和相关学科的研究实践及相应成果作为依据的。

最后,档案学的发展规律把握是有限的。

认识和把握档案学的发展规律,实质上也是一个探求真理的过程。真理是绝对性和相对性的辩证统一。真理的绝对性是指任何真理都有不依赖于人的客观内容,同时真理的发展会越来越全面深刻地反映无限发展的物质世界,这是无条件的。真理的相对性则是指任何真理都只能是物质世界的某些方面和某些过程,不可能穷尽物质世界的一切方面和一切过程,同时针对特定事物而言,任何真理即使对物质世界的某些方面和某些过程而言,也只能达到一定的深度,具有近似的、不完全的性质,认识有待深化。

正是由于档案学发展规律是可以从不同角度和不同层面进行研究的,同时影响学科发展规律的因素众多且复杂,并受制于人类认识的有限性与事物发展的无限性,因而对档案学发展规律的把握也是有限的,不可能完全把握。对档案学发展规律的认识和把握,将是档案学界一个长期的研究课题,需要不断研究深入。

第二节　档案学发展规律的系统揭示

　　档案学作为一门独立的社会科学,首先必须遵循社会科学发展的一般规律,但同时又有着自身发展的特殊规律。

　　关于社会科学发展规律的研究,目前学术界专门的研究成果极少,且因研究角度和层次的多样性,不同的学者如张勉、董京泉、黄枬森、袁吉富也有着不同的认识①,体现出了社会科学发展规律把握的有限性特征。其实,无论是自然科学还是社会科学或人文社会科学,它们都必须遵循科学发展的基本规律,因而"它们的发展规律存在着一致性",但又"多少有所区别。从人文社会科学发展的角度看,至少在这样三个方面,人文社会科学发展规律的科学共性与个性得到了较充分的体现:人类社会实践与人文社会科学理论的互动关系;社会需要与理论自身发展需要的辩证统一;常规性发展与革命性发展相互交替。"②尽管对于社会科学的发展规律目前还没有透彻的全面把握,但从理论上说,社会科学的发展规律是能够体现在档案学的发展规律之中的。一般规律是存在于特殊规律之中,并通过特殊规律表现出来的。

　　档案学作为一门社会科学,其自身发展的特殊规律又可通过内部发展规律和外部发展规律加以揭示。尽管李财富在《中国档案学的发展规律》一文中也提出档案学发展规律包括内在的发展

---

① 　参见张勉《试析社会科学发展规律》(《北京师范大学学报(社会科学版)》1994年第1期),董京泉《社会科学发展规律研究》(《社会科学战线》1999年第1期),黄枬森、袁吉富《谈谈哲学社会科学的发展规律——兼论文科学报在繁荣哲学社会科学中的地位和作用》(《北京行政学院学报》2009年第3期)。

② 　丁柏铨,胡治华.人文社会科学基础[M].北京:首都师范大学出版社,1998:22.

规律和外在的发展规律,具体有档案工作实践的需要是档案学发展的内在动力,结构合理的科研阶段是档案学发展的关键因素,稳定的政策是档案学发展的根本保证,经济、科技、文化是档案学发展的必要条件,档案学术与业务交流是档案学发展的外部动力等五条内容,但并未对内在的和外在的规律进行逻辑归类,显得不够严谨。笔者将在李财富研究的基础上,作进一步的分析说明。(由于笔者只是着重对档案学发展规律作系统性构建,因而在有关档案学外部发展规律内容阐述中与李财富论述差不多的部分不再赘述。)

　　档案学的发展规律之所以要区分为内部发展规律和外部发展规律,"一方面是因为科学知识内部自身的规律性与科学同外部各有关因素相互作用的规律完全属于两个范畴的规律,区分开来可以更加确切地加以描述。另一方面是因为这两种规律的性质不同,前者与国别无关,不管哪一个国家的科学都遵守这些规律,它们是科学发展的共性。后者一般说来(不是全部)则与国家有关,各国的政治制度、经济制度、历史因素等不同,科学的外部规律会呈现不同的表现形式,它们是科学发展的个性"①。可见,如果明确了影响档案学发展的因素中哪些属于自身因素以及哪些属于外部环境因素,则界定档案学的内部发展规律和外部发展规律也就容易得多。

　　"学科发展受多方面因素影响,可以概括为内部和外部两方面因素。学科有其自身的发展规律,是多种因素综合作用的结果",

---

① 李秀果,阎志超.关于科学学的几个基本理论问题[C]//李秀果,王铁男,赵祖华,王佩君.科学技术发展规律探讨(全国科学学专题学术讨论会论文集).北京:[出版社不详].1981:30—44.

其中,"科学发展的逻辑是影响学科发展的内在因素",而"社会需求、国家的学科政策和学术管理体制构成影响学科发展主要的外在因素"。①

　　档案学内部发展规律就是档案学自身作为一门学科的演变进化规律,即档案学始终处于渐进式的发展过程之中。档案学从产生发展至今,期间虽有曲折坎坷,但总体上是随着研究对象和研究领域的扩大(从产生初期只研究机关档案室的档案与档案管理扩大到如今的档案现象及其运动规律),研究方法的改进,档案学基础理论和理论体系日益完善,档案学也从历史学的一门辅助科目发展成为一门独立的学科,并将继续进一步发展。在库恩看来,科学的演进发展模式是:前科学→常规科学→反常→危机→科学革命→新的常规科学→新的反常与危机→新的科学革命……但库恩的这种科学发展逻辑是从自然科学史的角度概括出来的。"与自然科学的发展相比,社会科学发展过程中的突破性的、质变式的、革命性的发展往往表现得更不明显,社会科学的发展主要表现为量变式的、非突破性的渐进式的发展。而伴随着这种量变式的、非突破性的渐进式的科学发展过程,学科也一直处在渐进持续的发展过程中。"②档案学作为一门学科,始终处于这种量变式的、非突破性的渐进式的发展过程之中,这不仅符合档案学发展至今的现状,可能也符合档案学未来的发展态势。

　　显然,档案学内部发展规律必然与学科自身因素,如逻辑起点、研究对象、理论知识体系、研究方法、研究人员等等密切相关。笔者认为,这些因素虽然会对档案学发展进程中的局部产生一定

---

① 肖凤翔,陈玺名.学科发展机理探析[J].学位与研究生教育,2009(11):44-48.
② 肖凤翔,陈玺名.学科发展机理探析[J].学位与研究生教育,2009(11):44-48.

程度的影响,但对于档案学作为一门学科的这种量变式的、非突破性的渐进式的发展趋势是不会有根本性改变的。

科学发展的逻辑只是影响学科发展的内在因素,它在很大程度上还受到外部环境因素的影响。因此,档案学的外部发展规律是档案学同外部环境因素(如社会需要、社会发展水平、国家政策、科研环境等)相互作用所呈现出来的各种规律。主要有以下几方面。

1.社会对档案与档案管理活动的实践需要是档案学得以产生并不断发展的原动力。

档案作为一种重要的文化财富和信息资源,社会需要对之进行有效的管理和利用,"档案与档案管理是人类社会时空统一性与连续性的维系之道"①,(笔者认为,档案和档案管理活动对社会的重要性可以有很多具体的表述说明,但这种表述应该说是最具抽象性和哲理性的。)这才是档案学为社会所认可接受并得以产生的真正原因。由于社会对档案与档案管理活动的需要会随着社会的发展而不断提出新的需求,而这与档案学原有的认识水平会存在的一定的差距与矛盾,比如文档一体化管理、电子文件的管理等新的实践需要,促使档案学对原有理论认识进行反思和研究,从而促进了文件运动规律的研究和电子文件管理理论的发展,可见这种矛盾运动不断推动档案学的发展。正如恩格斯所说:"社会一旦有技术上的需要,则这种需要就会比十所大学更能把科学推向前进。"②

---

① 张辑哲.维系之道——档案与档案管理[M].北京:中国档案出版社,1995:序1.
② 马克思恩格斯选集(第四卷)[M].北京:人民出版社,1972:505.

2.经济、科技、文化的发展是档案学发展的重要前提。

档案学的发展离不开经济基础的支撑。档案事业的发展需要社会有经费的投入,作为建立在档案活动实践基础上的档案学理论研究也需要有科研经费的保障,充足的经费投入对于档案与档案管理实践以及档案学的发展肯定是十分有利的。科技的进步与发展会对档案管理实践提出挑战,促使档案管理水平的提升,从而对现有的档案学理论不断提出新的问题和要求,促进档案学理论的发展与提高。党的十九大报告明确指出,"文化是一个国家、一个民族的灵魂"。"文化自信是一个国家、一个民族发展中更基本、更深沉、更持久的力量","没有高度的文化自信,没有文化的繁荣兴盛,就没有中华民族伟大复兴"。因而档案的文化属性越来越受到社会的重视,档案事业是一项重要的文化事业,档案文化建设也已经取得了可喜的成绩,因而迫切需要档案学进一步加强有关档案文化的理论研究,为档案文化的建设提供坚实的理论基础。可见,社会经济、科技、文化的发展是档案学发展的重要前提,因为当社会的经济、科技、文化比较落后并不为社会所重视时,社会对档案与档案管理活动的实践需求就会降低削弱,从而导致档案学发展的原动力下降甚至丧失。比如在"文革"中,档案学不仅没有发展反而遭受重创,就是一个例证。

3.国家科技政策、档案政策是档案学发展的重要保证。

社会的政治制度需要为科学技术的进步发展提供制度上的保障,以此营造优越的科学技术发展的社会环境。国家高度重视和支持科技的创新与发展,具有中国特色的科技创新政策体系已基本形成,我国已经成为具有重要影响力的科技大国。在此背景下,制定了《国家中长期科学和技术发展规划纲要(2006——2020年)》,加大了学科建设的投入。档案学作为一门行业特色明显的学科,除了受国家科技政策的宏观影响外,直接有关的针对档案工作的档案政策对它的影响更为明显。国家对档案和档案工作的重视,必定促进档案事业的发展,也就能促使档案学研究的繁荣和档案学学科的发展。

4.严谨和谐的学术研究风气是档案学发展的必要条件。

档案学在发展过程中,总会有不同的学术思想、学术流派的交流、切磋与争鸣,因而需要坚持严谨的学术研究态度与平等和谐的学术批评,学术的交流、切磋与争鸣,实际上是一个发挥集体智慧、博采众长、推陈出新的过程,是档案学发展的一个十分重要的必要条件。回顾1949年以来的档案学发展历程,档案界曾经开展过有关档案与资料的区分、档案定义、档案学是不是一门独立的学科、档案学和文书学之间的关系、文件生命周期理论与档案形成规律等许多理论与业务问题的讨论研究,促使了相关理论和业务问题的解决,并推动了档案学的发展。

档案学发展规律的探寻和把握是一个长期的过程,不可能一蹴而就。比如,当今社会不仅学科之间的相互渗透、交叉与融合的趋势越来越明显,而且自然科学与社会科学也呈现出一体化发展的趋势。档案学作为一门社会科学,与相关学科特别是相近学科之间的这种交叉、渗透、融合会不会成为档案学的一种发展规律,都是有待今后观察和研究的。因为档案学的发展趋势不一定就是档案学的发展规律。只有当一种发展趋势是一种长期趋势,即某种现象在相当长的时间内沿着一定方向发展变动而成为一种基本趋势,才有可能确定其发展方向、速度和规律。

第十二章　档案学研究之研究

　　"对档案学科与档案学研究本身进行的研究可以归入本体研究范畴。"①因此,档案学研究之研究也属于档案学元理论的重要内容。

　　由于研究的类型按照区分的标准的不同可以有不同的划分,如按照研究的目的可分为探索性研究、解释性研究、描述性研究;按照研究的时间维度可分为横断研究和纵贯研究;按照研究问题的性质可分为理论研究和应用研究;按照研究的方法可分为定性研究与定量研究。② 档案学研究目前一般也是按研究问题的性质分为档案学理论研究和档案学应用研究。前者是以探求档案现象的本质及其运动规律为目的的研究,后者则是将档案学理论知识应用于档案工作实践,对档案工作实践中的现实问题提供有针对性的对策措施的研究。当然,由于理论和实践是紧密联系的,因而两者并非"非此即彼"的关系,而是在一项档案学研究中往往既涉及理论也涉及实践,相互交织在一起。当然两者的出发点是不同的,理论研究的目的是为了探求相关的知识,应用研究的目的是运

---

①　周毅.试论档案学研究路向的转型[J].档案学通讯,2009(5):28—31.

②　李志,潘丽霞.社会科学研究方法导论[M].重庆:重庆大学出版社,2012:62—71.

用知识去解决当下的、实际的工作问题。简单说,理论研究是探讨理论问题的,应用研究是解决实际问题的。

档案学研究对档案学学科的发展起着十分重要的推动作用,因而对档案学研究本身进行研究,将有助于促进档案学研究的有序健康发展,不断提高档案学研究的水平和质量。

第一节 档案学研究主体

研究是一种科学认识活动。"科学认识活动是一种对象性的活动,这种活动的结构包括作为其两极的主体和客体,以及作为两极相互作用之中介的认识工具(科学语言、科学仪器、科学方法)。"①可见,档案学研究涉及的主要因素也有研究的主体、客体和工具(包括研究方法、研究的仪器设备等)。不过,当我们立足于档案学元学科层面去研究档案学研究本身时,档案学研究主体也会成为档案学元理论研究者研究的客体对象。因为,"真正能够最终决定学科状况的只能是一种智力活动的'主体'——学人","中国档案学人及其文化素质、知识结构、人生经历等'主体特征',决定了中国档案学的基本理念和模式。一部档案学的历史,实际上就是档案学人的成长史和生活史。因此,对档案学人的研究就势必成为档案学研究的重要内容"。②

一、档案学研究主体的界定

要界定档案学研究主体,首先必须对常见的"档案学研究"、

---

① 李姗姗.科学认识论的若干问题[J].文史哲,2005(6):130−137.
② 胡鸿杰.论档案学人[J].档案学通讯,2002(2):4−9.

"档案学术研究"等称谓进行一些说明。段振波、胡晓鹏、郭曦在《剖析档案学研究中的主体问题》一文（以下简称段文）中认为，档案学研究与档案学术研究是有区别的，因为档案学研究范畴包括档案学理论、应用与技术，而档案学理论研究包括基础理论研究和应用理论研究，档案学术研究则属于档案学理论研究的范畴。因此，档案学研究的范畴与档案学术研究的范畴并不等同，档案学研究主体与档案学术研究主体也就不能混为一谈。① 笔者觉得，"档案学研究""档案学术研究"其实都是一种习惯性叫法，并不会产生多大的误解，这与生活中"历史学研究""史学研究""历史研究"一般也不作严格区别是一样的，研究史学理论的人与研究历史的人都可称之为历史学者、史学者。因此，上述的区分实际上把一个简单的问题复杂化了。为此，笔者在此规范称之为档案学研究者（或档案学者②），既包括档案学理论研究者，也包括档案学应用研究者，即所谓的"学院派"与"档案实践工作者"都能容纳其中。不过，笔者基本认同段文有关"档案人"与"档案学人"的界定，即凡是从事档案事业和档案工作的人员，包括从事档案行政管理工作、档案专业教育科研工作、档案学理论研究工作和具体档案业务工作的人员，可统称为"档案人"，而将其中具有档案学研究兴趣、参与档案学研究活动且取得一定研究成果的档案人称为"档案学人"。

档案学研究主体具有层次性，即通常包括个体主体和集团主体两个层次。档案学研究个体主体就是档案学者或档案学人，即

① 段振波，胡晓鹏，郭曦.剖析档案学研究中的主体问题[J].档案学研究，2015（6）：4-7.
② 学者有广义、狭义之分。广义"学者"是指具有一定学识水平、能在相关领域表达思想、提出见解、引领社会文化潮流的人；狭义"学者"是指追求学问之人，即专门从事某种学术研究的人。此处用其狭义之意。

从事档案学理论与实践问题研究的人。档案学研究的集团主体就是共有一个范式的档案学共同体。

从目前档案学研究主体的实际存在状况看,档案学人主要有两大类,一类是高校档案学专业的教师和博士生,一类是档案部门的专业技术人员。前者文化素养整体较高,并具有扎实的专业知识和较强的逻辑思辨能力,能较为成熟地借鉴、移植、融合其他学科的知识于档案学研究之中,其研究成果理论性强,水平较高,是档案学研究中的主要力量。后者熟悉档案实际工作,关注档案工作现实是其明显的特点,研究成果理论色彩不浓,多是档案工作操作性的实务研究。当然也不乏具有相当理论研究水平的档案工作者,只是数量较少。"学院派与档案实践工作者各自具有自身的特点,其文化素质、知识结构、人生经历等主体特征决定了在档案学研究中各有侧重,存在着差异。"[1]两者优势互补,可以共同推动档案学研究的发展。不过,从目前档案学研究的实际情况看,存在着档案学研究者"越来越向高校这个行业的人员(主要是高校专业教师)集中的倾向"[2],从长远来说这是不利于档案学发展的。

档案学共同体是由一定的个体联合起来进行档案学研究的团体或组织。有学者将档案学术研究群体分为学术研究组织、学术成果发表组织、学术研究团队、临时性的学术研究团队等[3],且不论将学术成果发表组织如档案报刊等作为档案学研究主体是否合适,如果从档案学共同体的本质角度看,学术研究组织如各级档案

① 段振波,胡晓鹏,郭曦.剖析档案学研究中的主体问题[J].档案学研究,2015(6):4—7.

② 夏慧.关注档案学研究队伍的职业化倾向[J].兰台世界,2017(2):54—56.

③ 任越.我国档案学术研究主体的构成及其主体性影响[J].云南档案,2011(10):43—45.

学会最多只能算是宏观意义上的区别于其他学科的档案学共同体,正如笔者在本书第七章中指出的,从学科自身角度看,在档案学专业领域内,共同体针对的是不同群的研究者,即不同的学派,如现在事实上已经存在的广义文件学派和传统档案学派,就是档案学研究者因着共同的信念自愿聚集在一起,有着共同的学术追求。因而临时性的学术研究团队如学术会议、学术论坛也都不是档案学共同体。

二、档案学研究主体的特征

从档案学的发展历史看,历代档案学者对推动档案学的发展起着十分重要的作用。胡鸿杰认为,我国档案学者可以划分为"启蒙者""开拓者""继承者",并对他们的自然状况及对档案学发展所作的贡献进行了分析。[①] 可以说,没有这三代档案学者的努力,就不会有档案学的今天。不同档案学者的自然状况虽然各不相同,但作为档案学研究主体,是需要有一些不同于其他主体的特质的,这就是档案学者作为档案学研究主体的特征。

档案学者除了要具有优良的思想品质(如强烈的求知欲望、求真务实的态度、互助合作的精神、持之以恒的毅力等)、较高的能力素质(如创造性思维能力、资料的搜集、整理、分析能力等)以外,还必须具有"独立的人格和主体意识""合理的知识结构"和"对实践有充分的感悟"[②]。独立的人格和主体意识,可以确保档案学者不依附于任何外在的权威和力量,保持一种独立的学术人格,并自觉主动地排除各种干扰以达成自己的研究目标;合理的知识结构,要

---

① 胡鸿杰.论档案学人[J].档案学通讯,2002(2):4—9.
② 胡鸿杰.论档案学人[J].档案学通讯,2002(2):4—9.

求档案学者既要有扎实深厚的专业知识,又要有渊博的跨学科知识,从而开阔研究的视野,提升研究的能力;对实践有充分的感悟,有助于档案学者将实践经验提升为理论,但这是目前档案学者(无论是"学院派"还是档案实践工作者)最为欠缺的,"学院派"缺的是实践导致无从感悟,档案实践工作者有的是实践却不愿或不能感悟。

由于档案学研究最直接地表现为由单个的个人来进行和完成,档案学者个人的内在素质将会直接影响其研究的水平和结果,因而其研究具有很强的个体性与差异性,有时也难免会有片面性和局限性。对于档案学者个体研究的这种局限性,随着档案工作实践日益复杂化、多样化的发展,档案学研究集团主体的出现是个体主体研究的必要补充,并日益显示其重要性。

档案学者的个体研究具有强烈的个体性,但在特定的档案学共同体内,其研究又必然具有群体性的特点。由于科学共同体与范式高度相关,一种范式是一个科学共同体成员所共有的东西,或者说正是由于掌握了共有的范式他们才组成了这个科学共同体。尽管档案学共同体相对于其他学科是存在的,因为除了有共同的目标——不断推动档案学的发展外,还拥有"共同的档案学语言、共同的档案学概念体系、共同的档案学专业思维等等"①,但在档案学学科内部,"一个范式支配的首先是一群研究者而不是一个学科领域"②。因此,档案学专业领域内的学派才是档案学共同体的根基。"对中国档案学而言,从现阶段的档案学学术共同体中分化出

① 陈祖芬.对档案学共同体自主性的反思[J].武陵学刊,2010(2):139—141.
② [美]托马斯·库恩.科学革命的结构[M].金吾伦,胡新和,译.北京:北京大学出版社,2003:161.

众多并存的档案学派,并最终形成科学共同体,是当前及未来一段时间中国档案学术研究群体发展的必由之路。"①由于范式基本上是指科学共同体在理论上和方法上所具有的共同信念,这种共同信念规定了共同体成员具有共同的基本理论、基本观点和基本方法,并且为其提供共同的解决问题的框架和共同的研究范围及研究发展方向,因此,从档案学学派的角度看,档案学共同体主要特征表现在以下几方面。

一是具有共同的档案观和方法论。学科观和方法论观念是一个学派区别于另一个学派的重要标志。"学科观是指对于一个学科或专业所持的总体的态度与看法。如经济学中的经济观、历史学中的历史观、政治学中的政治观、社会学中的社会观等。方法论观念是指一个学科或专业的一般认识研究方式或方法。"②目前档案学界的档案观有着广义文件观与传统档案观之分,广义文件观认为档案只是文件的一个运动阶段,广义的文件包括档案;而传统档案观认为文件和档案是两种不同性质的事物,有着本质的区别。由此形成了广义文件学派和传统档案学派,这两大学派因为具有完全不同的档案观,因而在档案定义、档案的特征等基础理论上持有完全不同的观点,并由此导致在对待文件生命周期理论、文件连续体理论、电子文件管理理论等方面产生很大的差异。方法论面对的是整个研究方法体系,而不是具体的研究方法。因而在研究方法论上,这两大学派成员目前基本上都是持诠释主义研究范式者,多倾向于质性的研究方法,并没有什么明显的区别,只不过是

---

① 孙大东.基于范式论批判的中国档案学发展研究[J].档案学通讯,2016(2):77—81.

② 欧阳康.人文社会科学哲学[M].武昌:武汉大学出版社,2001:265.

广义文件学派更多从系统、整体的角度去考察研究文件与档案现象。不像档案保护技术学共同体成员大多是持实证主义研究范式者,多倾向于量化的研究方法,在具体研究方法上会更多运用实验方法和数据分析方法,能够明显区别于其他档案学共同体。

二是具有共同的档案学学术思想。一个学派往往有自己独特的学术思想,也就是在学术上有自己的特色,这既是学派学术倾向性和学术贡献的集中体现,也是区别于其他学派的显著标志。每个档案学者会有自己的学术思想,一个档案学学派也会有自己的学术思想,而这种共同的学术思想是基于共同的基本理论假设、原理和观点的。例如,广义文件学派基于文件(包括档案)运动的整体性假设,认为文件生命周期理论揭示的文件运动规律是普遍适用于各国(包括中国)的,因而该理论同样适用于中国;而传统档案学派基于文件和档案是两种不同性质的事物,认为文件生命周期理论描述的文件运动规律并不符合我国国情,我国已有档案自然形成规律完全能够适用。两大学派基于档案观的根本立足点不同,在许多问题上(如档案定义的属概念、档案的基本价值、档案学的逻辑起点、研究对象等等)都是无法调和,可见在学术思想上是多么的不同。当然,即便在同一个学派内,每个成员尽管基于共同的基本理论假设、原理和观点,但学术研究毕竟是个体的自由创造活动,因而在具体理论上可能会存在差异和不同,这是十分正常的现象。比如,广义文件学派内,不同的学者在文件运动整体性的基础上,对其运动阶段的划分也有各种不同的描述。

三是具有共同的档案学研究方向和领域。在一个综合性研究课题内由于研究问题的复杂有可能会凝聚学科内不同研究方向和领域的学者甚至是不同学科的学者参与,但很难想象一个学派内的成员之间具有完全不同的研究方向和领域。否则,不仅学派内的成员无法遵循共同的基本理论假设、原理和观点,而且也无法进行有效的专业对话交流。因此,学派之所以具有较强的稳定性,就是因为在共同的档案观基础上拥有共同的基本理论假设、原理和观点,他们共同协作,形成强大的集体合力以实现学派共同的研究目标。

第二节　档案学研究客体

档案学研究包含研究主体和研究客体两个方面。研究客体也就是研究主体所要认识的对象,是与研究主体密切相关的。因为"客体作为主体的对立物,是指主体所经验的对象。""客体不同于物体也不同于物质,自然物在没有进入认识过程的条件下不成其为认识客体。客体与存在是不同的,'自在之物'在没有与主体发生作用转化为'为我之物'之前,并不能成为认识对象,不具有客体的品格。"[①]可见,研究客体实际上是研究主体将其纳入认识活动从而使其丧失"自在"状态成为具有客体规定性的"为我之物"。客体是以存在为为基础的,因而对于档案学研究客体我们是可以认识和把握的。

一、档案学研究客体与档案学研究对象

档案学研究客体与档案学研究对象不是同一层面的问题,有着本质的区别。

档案学研究对象是档案学区别是于其他学科成为独立学科的

---

① 李海峰.科学认识主体和科学认识客体的发生[J].科学技术与辩证法,2002(4):1—4,23.

一个重要标志,因此档案学研究对象是从档案学学科层面与其他学科相比较而言的。"对象"是指"观察或思考的客体;也指行动的目标。"①档案学研究对象是档案学在学科层面确定的学科认识客体,这将有助于厘清档案学学科研究的边界,并对档案学学科理论体系的建立和发展具有十分重要的作用。

档案学研究客体则是在档案学具体研究活动中进入研究主体研究活动目标之内的"为我之物",可见,档案学研究客体是与档案学研究主体相对而言的。不同的档案学研究主体可能因经历、兴趣、专业背景和知识结构等等的不同而导致作为研究客体的"为我之物"不同,但从总体来说,作为档案学研究主体"为我之物"的研究客体必要归属在研究对象之中。本来,一个学者要研究什么,纯粹是个体自决的行为,但从学科发展的角度而言,总是希望全体学者能围绕学科发展的目标去选择研究客体。因此,对目前档案学研究中存在的"去档案化"的现象要高度重视,一定要坚持研究中档案学的主体性,坚守自己的研究阵地。

虽然档案学研究客体与档案学研究对象有本质的区别,但两者之间还是有着一定的联系。

首先,档案学研究对象是从现实存在的各种具体的档案学研究客体的表象中抽象概括提炼出来的。笔者在本书第二章中考察过从 20 世纪 50 年代以来各种有关档案学研究对象的认识观点,从早期的具体表象化表述(如"档案""档案工作""档案事业"等)到现在的高度抽象概括(目前的主流观点是"档案现象及其本质和规律",笔者甚至认为应该是"文件现象及其运动规律"),体现了对档案学研究对象认识的深化,即档案学研究对象的认识经历了表

---

① 辞海编辑委员会.辞海[M].上海:上海辞书出版社,1990:558.

象——理性的抽象——理性的具体这样一个过程。可见，如果脱离了具体的研究客体的表象，那么对研究对象的抽象概括达到理性的具体是无法完成的。因此，档案学研究客体才是档案学研究对象的最终来源，但研究对象可以超越研究客体并从其中分离出来，它已经不是具体的研究客体，而是抽象化、理想化了的一种认识客体。

其次，档案学研究对象需要根据档案学研究客体的变动情况而不断反思自身的抽象认识是否科学，是否需要进一步深化完善。由于档案学研究客体是随着档案管理活动的拓展和深化而会有所变化，例如，我国国家规模的档案事业始于 20 世纪 50 年代，电子文件的管理始于 20 世纪 90 年代，实践的需要扩展了档案学研究的范围，有关档案事业管理的问题、电子文件管理的问题等等进入到档案学研究领域，特别是进入 21 世纪后档案实践涉及大量的新情况、新问题，如社会记忆、数字技术、知识管理、信息资源管理、大数据等等，成为档案学不得不面对的新课题，档案学研究领域和范围的拓宽，导致档案学研究主体面对的研究客体不断增加，档案学研究对象需要在更广的研究客体的基础上进行反思抽象概括。虽然从目前来看，现有的档案学研究对象是能包含现有的研究客体的，但至少从理论上说，一门学科研究对象的认定会随着时代的发展和所考察问题的变化而不断变化，并不存在一个一劳永逸的、静止不变的定论。

二、档案学研究客体的特征

"档案现象及其本质和规律"（或"档案现象及其运动规律"），是目前基本取得共识的档案学研究对象的揭示，它事实上包含档案现象与档案现象背后所隐含的本质和规律两层含义。各种具体的档案、档案工作、档案事业乃至档案学现象都是由一般意义上的档案这种终极现象派生出来的,各种具体的档案工作、档案事业和档案学的规律都能容纳在档案现象背后所隐含的本质和规律之中。由于具体的各种档案学研究客体在逻辑上必然包含在研究对象之中,因而具体的研究客体或属于档案现象,或属于档案现象的本质和规律,或兼而有之。

尽管档案学研究对象和研究客体都是一种客观存在,都具有客观实在性。但两者在本质特征上还是有着根本的不同。

哲学家在探讨世界与世界观的关系时指出,虽然"'世界'概念含义的多样性,属于概念的相对性、灵活性、不确定性",但"任何概念都有这种特性","'世界'作为界域概念,不论用于任何场合,都具有整体性、全体性的含义,这点是肯定的"。[①] 因此,档案学的研究对象虽然只是世界的一个部分,但它作为与档案学学科整体相对应的小世界,也必然蕴含着作为界域概念的整体性和全体性。这说明在档案学研究对象的确定上,从观念上来说是拒绝分散与零碎的,是需要与从整体上进行全面抽象概括揭示的。

档案学研究客体作为一种与研究主体相对应的认识客体,与档案学研究对象的整体性和全体性特征不同,它具有对象性和层次性。档案学研究客体本质上是一种对象性存在,即档案学研究的具体理论与实践问题只有进入到研究主体这种对象性研究活动领域并与之发生联系作用时,才能称之为研究客体。这种对象性使档案学研究客体与一般的未进入研究主体活动领域的档案学理论与实践问题区别开来。比如,有关新产生的档案理论与实践问题在未进入研究主体视野内并进行实际研究之前,它们也是一种

---

① 高清海.哲学与主体自我意识[M].北京:中国人民大学出版社,2010:64.

客观实在,但还不是真正的研究客体,至多只能称之为潜在的研究客体,而不是现实的研究客体。因此,对象性是档案学研究客体最本质的特征。如果说,档案学研究对象是在整体上进行的全面抽象概括,那么档案学研究客体则反其道而行之,可以进行局部的具体的分层描述,这主要是由于档案学研究活动本身是可以分层次的,如档案学理论研究、档案管理实践研究,档案现象研究、档案现象背后所隐含的本质及规律的研究,档案学理论和实践的验证性研究、预测性研究或已知、未知研究等等,其科学认识也可以分为三个层次,即由低到高分别为事实认识、价值认识和审美认识。"事实认识在于求'真',价值认识追求的是'善',而审美认识却追求的是真与善的统一,即'美'。"[①]这种科学认识上的层次性是由认识客体本身的层次性所决定的。结合档案学研究来看,档案学研究至少"是一种对价值和事实的双重追求过程"[②],这种档案学研究认识的层次性分别对应的是档案本身所固有的自然属性及其本质规律(我们不能将这一层次——尽管是主要的层次作为客体的全部内容)、档案的价值属性。可见,档案学研究客体的层次性是从研究对象中抽取某一个或几个属性来加以认识的。当然,档案学研究有没有求"美"这一层次,是可以继续探讨的。因为,"认识客体的三层次性,只是说明了认识三层次形成的客观可能性,并不意味着必然形成三个层次的认识"[③]。由于层次并不是分属于独立的并列的事物,只是事物的某一方面,因而档案学研究客体的层次性

---

① 郑仓元.论认识的三个层次及其客观依据[J].中州学刊,1988(2):18—21.

② 任越.认识论视角下的档案学术研究对象及其与研究主体关系阐释[J].档案学研究,2011(3):22—24.

③ 郑仓元.论认识的三个层次及其客观依据[J].中州学刊,1988(2):18—21.

只是档案学研究对象的属性细分,同样档案学研究认识的层次也不是不同的认识,而只是统一认识的不同层次,它们互相依赖、互相联系、互相作用,共同构成档案学研究的统一认识整体。

第三节　档案学研究方法

档案学作为一门社会科学,尽管目前还没有自己独特的研究方法,但这并不影响其成为一门独立的学科。档案学目前的研究方法主要采用的是常用的一些社会科学的研究方法,其中具有自然科学属性的某些分支学科如档案保护技术学等也会采用一些自然科学的研究方法,其"研究方法体系具有开放性"[①],不少哲学的、社会科学的以及自然科学的研究方法等都可运用。从目前的情况来看,档案学研究在原有研究方法的基础上,更加注重研究视角的多元化和研究方法的多样化,有力地推动了档案学的发展。

一、档案学研究视角的多元化

"研究视角是指某类学科研究人员共同接受和认同的一系列'假设(assumption)、概念(concept)、价值目标(value)和实现方式(practice)'。"[②]其中,"假设"为研究领域预设了边界,"概念"界定了研究对象,"价值目标"确定了研究的发展方向,因此研究内容不可能超过现有的研究视角范围。不同的研究视角,决定了研究者

---

① 冯惠玲,张辑哲.档案学概论(第二版)[M].北京:中国人民大学出版社,2006:196.

② 张先治,张晓东.会计学研究视角与研究领域拓展——基于国际期刊的研究[J].会计研究,2012(6):3—11.

不同的看待问题的角度和思维方式,以及所选择的不同的基础理论,从而可以不断拓展学科的研究领域,促进学科研究的深入。特别是当学科研究领域陷入停顿状态时,迫切需要寻求研究视角的突破,创新研究思路,会有意想不到的效果。因此,一门学科的研究是需要不断创新研究视角,这才有利于学科的发展。如果固守某些原有视角,研究思路必定较为狭窄,会逐渐阻碍学科的进一步发展。

从档案学研究的发展来看,曾经有过历史学、文件运动规律、信息资源管理等研究视角。

我国早期档案学的研究不少属于历史学的视角,这主要是由于档案学属于历史学的辅助学科,其研究受历史学的影响极大。"从研究视角和研究领域互动来看,研究视角属于'思路导向',决定了研究'广度'和'高度';研究领域属于'问题导向',决定了研究'深度'和'精度'。"①因此,历史学的视角去进行档案学研究,其研究领域必定主要局限于档案专业史和档案史料整理、管理和利用方面。历史学的视角从档案学的产生发展来看,尽管有它的历史贡献,如档案学的产生离不开对明清档案史料整理的经验总结,档案学专业教育也是在历史学专业内发展起来的,但历史学视角毕竟是一种外学科的视角,如果档案学研究长期局限于此,最多只能增加现有研究领域的深度,而不能拓宽档案学研究的领域,必定会成为档案学继续发展的桎梏。

档案学研究的视角会随着档案学理论和档案管理活动的发展而变换。档案学成为独立学科后,历史学研究视角渐渐淡出,转而

---

① 张先治,张晓东.会计学研究视角与研究领域拓展——基于国际期刊的研究[J].会计研究,2012(6):3—11.

更多地从自己的专业视角去研究自身的理论与实践问题。20世纪
80年代后期,文件生命周期理论传入我国,引起了我国档案学者的
极大兴趣,并引发了持续时间较长的争论,客观上促进了档案学界
对文件(包括档案)运动规律的研究,并在文件运动规律的视角下
去研究文件与档案管理的理论与现实问题。应该说,从历史学视
角到文件运动规律视角,不仅是档案学研究由历史学的附庸到自
身独立的一个重要标志,而且也大大拓展了档案学研究的领域,从
文件、档案的定义及关系,文件与档案运动的动力机制及运动模
型,到文档一体化管理、电子文件管理、数字档案馆(室)系统的设
计等,涉及大量的基础理论、应用理论和管理实践的问题。档案学
研究的这种专业视角的确立,有助于档案学研究展现自己的专业
特色,提升研究的专业品味,以及在档案学研究中的学科自身的主
体性。

　　1984年9月邓小平为《经济参考报》题词"开发信息资源,服务
四化建设",很快,《人民日报》在头版刊登了这一题词,此后全国许
多报刊都相继刊登了这一题词。这一题词不仅指明了经济新闻报
道的方向,而且开启了中国信息革命的征程,我国开始步入信息化
建设时代。在此背景下,档案界认识到档案具有信息属性,档案信
息资源是一种重要的社会信息资源,对于社会经济的发展具有重
要的作用,因而加大了对档案信息、档案信息资源管理等研究的力
度,甚至开始从信息资源管理的视角重构档案管理学的论述体系,
如何嘉荪主编的《档案管理理论与实践》(高等教育出版社,1991
年)就是从信息资源管理的角度来编写的,突破了传统教材编写的
体例。随着社会对信息资源管理人才需要的日益增加,以及图书
馆学、情报学与档案学在"大信息观"的视野内逐渐融合为信息资
源管理学科群,使得传统的档案学专业教育也开始从信息资源管

理的角度进行改革,进行图书馆学、情报学与档案学专业的一体化建设探索。可见,档案学研究的信息资源管理视角突破了文件运动规律视角的专业局限性,可以"跳出档案看档案",进一步拓宽研究视野,加大与社会其他信息部门的合作,加强社会信息资源的集成管理,从而使档案学学科建设、专业建设以及档案信息资源管理实践有了新的发展基础。

进入 21 世纪后,档案学的发展有了新的进展,许多学者开始尝试运用不同的研究视角进行档案学研究,主要有本原视角、多学科视角、范式视角等,从而开拓了档案学研究的新领域。

本原是"万物的基础、根源或元素"①。唯物主义认为,世界的本原是物质。古希腊哲学家亚里士多德认为"那些最早的哲学研究者们,大都仅仅把物质性的本原当作万物的本原。因为在他们看来,一样的东西,万物都是由它构成的,都是首先从它产生、最后又化为它的(实体始终不变,只是变换它的形态),那就是万物的元素、万物的本原了。""任何东西,如果不是本原,就是来自本原"②。档案学的本原是一个形而上的问题,看似简单,实质是一个最本质的档案学哲学问题。可以说,档案学的本原是档案学自身所固有的、区别于其他学科的特性和反映其学科本质的理论核心,是档案学能够成为独立的学科、专业和职业的根本原因。由于一门学科的逻辑起点必须是该学科最简单、最抽象的"物"的概念,因而学科的本原问题实际上就是学科的逻辑起点问题。"寻求学科逻辑起点问题的实质是探求该学科的哲学根源,而哲学根源又涉及哲学

---

① 辞海编辑委员会.辞海[M].上海:上海辞书出版社,1990:1403.
② 北京大学哲学系外国哲学史教研室.西方哲学原著选读:上卷[M].北京:商务印书馆,1981:15,17.

本体论问题,即探讨世界(或宇宙)的本原,又称事物的存在(to be)问题。"①尽管目前关于档案学的逻辑起点主要仍有"档案"与"文件"之争,但档案学研究的本原视角能够真正"从根本上回答档案学'为何形成'、'怎样形成'和'如何发展'等基本问题"②,这对目前档案学研究中存在的"去档案化"现象是一种自觉的理性回归。作为一种最根本的档案学研究的专业视角,本原视角对于有关档案学理论和实践问题可以始终站在自己学科专业的角度去进行关键性的专业诠释和解读。

现代科学的发展越来越趋向交叉融合,这既能丰富人类的知识体系,又能增强人类研究和解决问题的能力。档案学研究中引入多学科视角,能够为档案学的研究提供新的概念与措词,提出新的问题并给出新的诠释,因而在其他学科话语系统的启发下,可以从多个侧面来分析、解读档案现象,更为精细深入地探究档案世界。2014 年中国档案学会档案学基础理论学术委员会发表了《多学科视角下的档案学理论研究进展》报告(载《创新:档案与文化强国建设——2014 年档案事业发展研究报告集》,中国文史出版社,2014 年;《山西档案》杂志在报告得到补充、修改、完善的基础上以 6 篇论文的形式刊登在 2017 年第 1、2 期上),在该报告的前言中指出,"本报告对近年来国内外档案学理论研究中所采用的其他学科视角进行梳理和归纳,发现在档案学理论研究中,历史学、管理学、法学、社会学、传播学和信息技术等六大学科视角应用最多、影响最大。这六大学科视角的切入,为档案学理论研究注入了新能量

---

① 艾伦.对教育技术学的哲学批判(之一)——逻辑起点问题[J].中国教育技术装备,2010(6):3—6.

② 郑文,关素芳."本原"视觉下的档案学[J].档案学通讯,2006(5):21—23.

和新动力,使档案学学科发展得到横向拓展与纵向拓深,这既代表着未来档案学研究之重要趋势,也预示着未来档案学理论之突破方向。"需要注意的是,尽管学科的交叉融合能提升档案学者的创新能力,推动档案学研究的进步,但多学科视角在档案学研究中可能会存在一些问题,主要表现在借用其他学科的基本理论范畴来研究档案学问题,如果生搬硬套其他学科的理论、概念、术语,并以此为基础对档案学问题进行诠释、解答,从而会使档案学失去档案学研究中的学科主体性,并使档案学研究领域变成其他学科的研究领域。因此,在多学科视角下研究档案学,必须始终坚持档案学的本原意识。

基于范式对于学科研究的重要性,一些学者如丁华东、陈祖芬、倪代川、吴建华、孙大东等都就档案学范式问题进行了研究。尽管目前关于档案学有否范式存在争论,但这一独特的研究视角(有档案学研究范式视角和档案管理范式视角等),对于档案学学科发展的研究来说是一个很好的角度。笔者在本书第七章中指出,档案学研究的范式视角,不仅可以拓宽档案学研究的范围和领域,而且能够对档案学学科基础理论问题进行整体性的深入反思,把握档案学学科发展的内在逻辑,从而在宏观抽象层面来强化档案学学科自身基础理论的研究,推动档案学学科的进一步发展。

不同的档案学研究视角,并不是一种取代另一种的关系,而是和谐共存的局面。档案学研究需要研究视角的多元化,唯有保持多元视角之间的张力,做到优势互补,才能不断提高档案学研究的全面性和精准度。

二、档案学研究方法的多样化

工欲善其事,必先利其器。研究方法作为科学研究的工具和手段,它的创新和发展,能有力地推动学科的发展,是学科发展的必要条件。档案学作为一门独立的社会科学,能普遍采用文献调查法、观察法、思辨法、概念分析法、比较研究法、定量研究法、定性研究法等等。从已有的档案学研究方法的采用情况看①,对于档案学具体研究方法的提炼归纳,由于研究方法本身的复杂性以及研究者(特指研究档案学研究方法的学者)认识角度的差异性,并无一个明确的统一的认识。更何况,研究方法本身又处在一个不断相互影响、相互结合、相互转化的动态发展过程之中。但有一点是可以明确的,档案学的研究方法不是单一的,而是多样化的。

档案学研究方法的多样化,主要基于两个原因。一是档案学研究对象的复杂性必然导致研究方法的多样化。档案及档案管理活动涉及社会的政治、经济、科技、文化等各个领域,档案本身具有原始性、记录性、文化性、记忆性、知识性、信息性等多种属性,因而对于档案现象及其背后所隐含的本质和规律,是需要通过各种具体的研究方法从不同的角度去认识和把握的。二是档案学研究主体的差异性必然导致研究方法的多样化。不同的档案学研究主

---

① 笔者随机翻阅了近年一些有关定量研究档案学研究方法的论文,如李弘彧在《科学研究方法在档案学领域的应用述评——以2010——2012年〈档案学研究〉为研究对象》(《档案与建设》2014年第8期)中列了比较研究方法、定量分析方法、归纳方法等15种,徐一男在《我国档案学研究方法现状管窥》(《科技情报开发与经济》2015年第10期)中列了思维方法、历史研究法、个案研究法等12种,陈忠海、董一超在《档案学研究方法应用的状况、问题及建议——基于2010——2014年〈档案学通讯〉〈档案学研究〉所载文献的统计分析》(《档案学通讯》2015年第6期)则列了理性思维法、文献法、比较分析法等24种,马双双在《我国档案学博士学位论文研究方法的应用分析》(《档案学通讯》2017年第6期)中更是列了文献研究法、比较研究法、案例研究法等35种(只使用1次的研究方法有33种,不计在内)。

体,在知识结构、研究能力、兴趣爱好、情感意志等方面存在差别,导致在研究方法的采用上会各有不同,或理性思辨,或归纳演绎,或整体综合的系统思考,或重视实证等等。因此,在档案学研究中,既要努力引进、借鉴、移植其他学科的研究方法为我所用,更要努力提炼甚至创造自己本学科特殊的研究方法,从而使研究方法的多样化成为档案学研究主体的自觉追求。当然,在引进、借鉴、移植其他学科研究方法时,一定要真正把握这些方法的灵魂与实质,而不是当作一种现成的模式直接搬用,因为任何研究方法都有其特定的适用范围、条件和作用,因而需要结合档案学的特点将其具体化、特殊化。

在目前档案学各种研究方法中,其中最常用的研究方法(从使用频次看),有认为是归纳方法的[1],也有认为是思维方法的[2],或认为是理性思维法和文献法的[3],甚至有认为是文献研究法的[4]。之所以研究结论不同,主要是由于研究者对研究方法的内涵认识有一定的差异,因而导致提炼概括的研究方法名称以及统计分析结论有所不同。但有一点是可以明确的,即档案学研究方法中,传统研究方法依然占主导地位。

档案学的进一步发展需要在坚持研究方法多样化的基础上,

---

① 李弘骥.科学研究方法在档案学领域的应用述评——以 2010——2012 年《档案学研究》为研究对象[J].档案与建设,2014(8):4-7,12.
② 徐一男.我国档案学研究方法现状管窥[J].科技情报开发与经济,2015(10):130-132.
③ 陈忠海,董一超.档案学研究方法应用的状况、问题及建议——基于 2010——2014 年《档案学通讯》《档案学研究》所载文献的统计分析[J].档案学通讯,2015(6):26-32.
④ 马双双.我国档案学博士学位论文研究方法的应用分析[J].档案学通讯,2017(6):14-18.

重视各种研究方法的互补,如定量与定性互补、思辨与实证互补等,并在具体研究方法上有进一步的突破和创新。下面笔者就目前正日益受到重视的跨学科研究方法、实证研究方法谈一些认识。

在当今学科既高度分化又高度综合的今天,跨学科研究方法目前普遍受到各个学科的重视。在多学科的视角下,打破学科之间的预设界限,运用不同学科的理论、方法、成果去对某一复杂的现象、问题等进行研究,可以收到意想不到的效果。这种跨学科的研究方法,其实在档案学研究中早就存在(如早期的历史学视角),只不过在学科如林的今天,学科之间的联系更加紧密,档案及档案管理活动领域面对的问题更加复杂,以及人们对于档案现象及其本质和规律认识上的更高追求,加上档案学人需要在档案学研究领域上有所突破,因而客观上给了档案学的跨学科研究一个较强的现实需求。但跨学科研究本意是要有不同学科的学者来参与研究,可以各自运用所长去合作研究共同面对的客体,从而达到对于有关现象或问题的较为完美的诠释或解决。反观目前档案学界的跨学科研究,大都是档案学者运用其他相关学科的知识对档案现象、问题进行重新诠释或解答,其研究的效果完全取决于档案学者所具备的相关学科知识的素养,这种以档案学人一己之力去进行的跨学科研究,效果往往不尽人意。简单的照抄照搬其他学科的理论、概念、术语等,只会使档案学研究步入歧途,丧失自我。

实证性研究作为一种研究范式,推崇的是科学结论的客观性和普遍性,强调知识必须建立在观察和实验的经验事实上,通过经验观察的数据和实验研究的手段来揭示一般结论,并且要求这种结论在同一条件下具有可证性。因而实证性研究方法就是通过对研究对象大量的观察、实验和调查,获取客观材料,从个别到一般,归纳出事物的本质属性和发展规律的一种研究方法。"数据和统计分析是实证研究的重要构成要素,调查研究、实验研究以及定量的文献研究则是实证研究方法的主要类型。"①从中外档案学研究的特点来看,在研究对象、研究内容、研究主体、研究方法上具有明显的差异②,造成这种差异的原因,主要与"中外档案事业管理体制、教育体系和各国研究历史传统、档案实践工作、档案职业专业化水平等"有关。其中,中外档案学研究反映在研究方法上,"中国档案学以思辨和纯经验式的研究方法居多",而在外国档案学中"实证主义方法的运用一直是传统"。③我国档案学的实证研究不是没有,只是总量偏少,在"2001——2010 年间,档案学核心期刊发文总量 37128 篇,实证研究文章只有 496 篇,仅占全部发文量的1.34%。"④也许会有一定的统计分析误差,但实证研究的薄弱是一个不争的事实。由于档案学的实证研究类似于自然科学的研究,它以对假设的实证检验来代替研究主体的价值判断,不采用纯粹的逻辑思辨推理,而是使用客观的、可观察和可检验的实际证据来进行检验,从而具有较强的科学性。因而,在今后的档案学研究中要鼓励引导档案学者更多尝试采用实证的研究方法,以此弥补目前占主导地位的定性研究的不足。不过,实证研究尽管在研究中具有自身的优势,但也有局限性,一是研究主体的"价值中立"值得怀疑,从研究课题、方法、假设、样本等的选择上往往自觉或不自觉地带有情感因素;二是复杂的研究对象的本质不是仅仅通过单纯的数据统计分析就能完全揭示的。可见,鼓励实证研究在档案学

① 李菁.2001——2010 年档案学实证研究分析[J].兰台世界,2012(17):3-4.
② 具体参见朱玉媛、周璐的《中外档案学研究特点之比较》(《档案学通讯》2009年第 5 期)一文。
③ 周璐.中外档案学研究差异之原因分析[J].档案学通讯,2012(5):20-23.
④ 李菁.2001——2010 年档案学实证研究分析[J].兰台世界,2012(17):3-4.

研究中的运用,并不是要抛弃传统的思辨方法,而是要将定性分析与定量分析结合起来,努力提高档案学研究的精准度。

第四节　档案学研究现状及发展趋势

档案学研究主要包括档案学理论研究和应用研究。由于档案学理论的深广度直接体现了档案学学科的成熟度,因而档案学理论研究的状况是最能反映档案学研究程度的。

一、档案学研究现状

关于档案学研究的现状,可以说是研究成绩可喜,但存在问题也不少。

从目前档案学研究现状来看,无论是研究的环境还是研究的成果,都是令人欣慰的。

研究环境是指档案学学术研究所处的条件情况,可以分为内部环境和外部环境。

我国档案学研究的内部环境较好,大致体现在以下几方面。

1.我国的档案学研究纳入了国家的科学技术研究范畴,并先后列入国家的哲学社会科学研究规划和科学技术发展规划,每年都拨出一定数量的经费用于档案学研究和奖励优秀成果;一些专业系统和地方有关部门以及有关群众性学术团体甚至一些企事业单位,也对档案学研究进行一定的资助和奖励。从 20 世纪 80 年代末开始,国家档案局根据档案事业发展实际需求和未来发展方向,每年发布科技立项选题指南,仅"2012 年至 2017 年间,全国档案科研立项共计 580 项,年均立项近百项"①。组织开展具有前瞻性、先进性、实用性和具有普遍意义的档案科技研究,并加强了档案科研的日常管理和科研成果的推广应用工作。以上这些措施,有力地推动了我国档案学的学术研究活动。

2.我国的档案学研究有专门的研究机构和群众性的研究组织。国家和一些省市档案行政管理部门设立了专门的档案科研机构,开设档案学专业的高校设有相关教研室或学科组织,普遍建立了群众性学术研究组织(如中国档案学会和省市县档案学会以及一些专业系统的档案学会),甚至还出现了民办的档案学术研究机构(如中国老教授协会档案与文秘研究所、档案与文秘专业委员会)。上述研究机构和组织,为我国档案学研究提供了组织保证。

3.我国的档案学研究有较为充足的研究人员。尽管目前全国到底有多少人在从事档案学的研究因缺乏相关统计数字并不清楚,但从总体上来说,"我国的档案学研究队伍正在不断稳步发展壮大,新生力量辈出,并且存在着一批基础理论扎实的从事档案学研究的权威作者,"其中,"高校的研究人员是档案学研究的主力军。"②大量的档案学专兼职研究人员是我国档案学研究的基本力量。同时,我国 20 多所高校已形成档案专业专、本、硕、博人才的培养体系,为我国档案学研究提供了源源不绝的后备人才。

4.我国的档案学研究有较为丰富的学术交流园地。我国除了有一定数量的档案专业报刊为档案学学术研究成果提供交流园地

---

① 黄丽华.固本出新 再创辉煌——党的十八大以来我国档案科技工作为档案事业发展注入新活力[N].中国档案报,2017-09-04(1).

② 王云庆,徐芳.从作者分析看我国档案学研究队伍的状况——基于 2001—2010 年《档案学通讯》论文的统计分析[J].档案学通讯,2011(4):19—23.

外,众多的档案学学术交流会议、论坛、网站等以及其他非档案专业的出版机构和报刊,也为档案学学术成果的交流提供了一定的便利,从而能调动专兼职研究人员进行档案学研究的积极性。

我国档案学研究的外部环境不断改善,具体表现在以下两方面:一是宽松的学术环境、活跃的学术研究氛围,鼓励"百花齐放,百家争鸣",为档案学研究提供了良好的社会环境;二是与国际档案界的广泛交流,使档案学研究者的视野更为开阔,他们在学习借鉴别国先进的档案学理论为我所用的同时,也积极将我国档案学研究的优秀成果推向世界。我国对档案学研究的重视程度,研究组织、研究队伍和学术交流园地的规模,在国际档案界处于领先地位。

这种良好的研究环境造就了我国档案学研究的繁荣,取得了可喜的研究成果。

我国档案学研究从档案学产生以来,始终与档案工作实践融为一体,档案工作实践的需要成为档案学研究不断发展的原动力。尽管我国档案学研究的发展过程是曲折的,但经过档案学人的长期以来不懈的努力,取得了令人瞩目的成果。这不仅表现在成果的数量多,而且不少成果的质量也较高,其中有些成果因研究领域的拓宽和研究思维、研究方法的更新甚至具有突破性或开拓性,如主客体全宗理论、文件运动规律理论、档案双重品格论、电子文件/档案管理理论等研究。档案学研究能根据社会对档案管理实践的需要不断切换研究的热点,如从 20 世纪 90 年代开始,先后有电子文件管理、数字档案馆、民生档案管理以及档案学学科自身理论等研究热点,且有的热点如电子文件/档案管理、档案学学科自身理论等持续时间长,至今仍是研究的热点。同时,档案学研究能高度关注研究前沿,如档案安全体系建设、云计算在档案管理中的应用、智慧档案馆建设、档案社交媒体、档案大数据、档案知识库等。档案学研究前沿有可能是下一个研究热点的预示。可见，我国档案学研究现状从总体上看是令人欣慰的，表现为档案学理论研究能高度关注档案工作现实并不断得以深化和拓展，档案学应用研究日益受到重视并不断有所创新和突破。档案学研究的不断推进，促使档案学理论体系愈加完善，学科功能得以有效发挥。

当然，档案研究中仍然存在着这样或那样的问题，主要有以下几个方面。

1. 我国档案学研究中，有计划、有组织地组织重点课题攻关的力度还不够，表现为组织的重点课题少，资助的力度不大，比如在国家社科基金立项数上，与邻近的图书馆学相比，存在较大的差距；科研成果推广应用的力度有待加强，表现为不少科研成果通过鉴定后往往束之高阁，缺乏后续的推广应用措施，产生不了应有的效益。这些都与档案行政管理部门统筹规划、组织引导不够以及经费不足等有关，特别是在省市一级。

2. 我国档案学研究队伍的整体素质有待提高。我国档案学专兼职研究人员虽然为数不少，但学者型的研究人员并不多，特别是学贯中西、有扎实功底的具有较高知名度的学者更少。而且，有些实际工作者从事档案学研究并非出于对理论研究的热爱，而是为了自身的职称晋升或完成目标考核的任务，因而更是忽视了对自身素质的提高。

3. 我国档案学研究成果的数量不少，但真正高质量的不是很多。突出表现在：一是重复研究的现象严重。档案学界的跟风研究较为盛行，这种现象由来已久，至今仍未很好解决。档案学研究是需要静下心沉下心才能进行的，而跟风研究恰恰反映出来的是有些研究者缺乏必要的科研训练以及急功近利的思想观念，因而不少论文才会人云亦云,谈不上对实践有什么指导意义。二是有些档案学研究成果中存在着简单移植的现象。档案学研究确实需要借鉴其他学科的原理与方法,但有些研究成果只是生搬硬套引用了不少新学科或相关学科的理论、术语、公式等,使人不解其意。三是不少档案学研究成果因受研究者素质的制约,只是对档案与档案工作现象做实际素材的白描和素描,而缺乏应有的理性的抽象概括,因而显得深度不够。四是某些档案学研究成果依然存在理论脱离实际的现象,显得"高、空、玄、虚"。

4. 我国档案学研究的方法有待改进。从总体上看,我国档案学研究(特别是在档案学基础理论研究)方法上,"过多采用罗列式方法,不重视研究档案与档案工作诸现象的内在规律性,只论触及面,而不论层次,呈现出一种方法论的缺陷"①,且基本上还停留在定性分析的阶段。因此,在今后的档案学研究中,要对档案现象进行分层次的深入研究,以揭示其内在的本质规律;并在具体研究方法上,要追求研究方法的多样化,特别是要重视定量或定性与定量相结合的方法,使本质规律的揭示更为精确。

5. 我国档案学研究中应加大学术评论工作的力度。学术评论工作是一门学科发展到一定阶段的必然产物,是学科走向成熟的一种标志。档案学学术评论对档案学研究的发展具有重要的推动作用。但目前我国档案学学术评论工作开展得较差,不能适应档案学研究的需要,表现为档案学学术评论文章不仅数量较少,而且质量也有待提高。因此,需要进一步加强档案学学术评论工作的引导与规范,建立完善档案学学术评论机制,以真正推动档案学研究的发展。

---

① 　傅荣校.论档案学基础理论研究[J].档案学研究,2001(3):3—8.

6.我国档案学研究中对学术规范的重视还不够。"学术规范问题的核心是学风问题,而学风的好坏直接关系到学科的生死存亡。"①目前我国档案学研究中确实存在着一些不良学风,如引文不注明出处,一稿多投,乃至抄袭剽窃等现象依然存在。

二、档案学研究发展趋势

对于我国档案学研究在 21 世纪的发展趋势,潘玉民在 2000 年撰文将其概括为以下十个方面:(1)从经验总结向理论研究转变;(2)从分支学科研究向整体研究转变;(3)从学科宏观研究向学科细化研究转变;(4)从档案管理手工操作的理论与实践研究向计算机网络管理的理论与实践研究转变;(5)从档案实体管理研究向档案信息资源开发研究转变;(6)从档案学内在联系研究向外在联系研究转变;(7)从档案行政管理研究向档案法制研究转变;(8)从继承向创新转变;(9)从定性研究向定性和定量相结合研究转变;(10)从个体研究向群体研究转变。② 时过近 20 年,从目前档案学研究现状来看,他的预测大部分是正确的,特别是在档案学研究整体趋向上的一些宏观描述,如从经验总结向理论研究转变、从分支学科研究向整体研究转变、从继承向创新转变,已经表现得较为明显,而一些比较具体的如从档案行政管理研究向档案法制研究转变、从定性研究向定性和定量相结合研究转变、个体研究向群体研究转变等,则表现得不够明显,其中有的甚至远远超出了他的预期,如档案行政管理研究、档案实体管理研究现在已经不仅仅局限

---

① 李财富.论档案学术规范[J].档案学研究,2001(2):15—17.
② 潘玉民.论 21 世纪档案学研究的走向[J].辽宁大学学报:哲学社会科学版,2000,28(6):41—45.

于向档案法制研究、档案信息资源开发研究的转变,而是向更广的领域拓宽,如档案的公共管理、文化管理、知识管理等研究。可见,对于档案学研究的发展趋势应从宏观整体层面去进行预测,宜粗不宜细。

笔者对档案学研究今后的发展趋势,认为较为明显的有以下几个方面。

1. 中外档案学理论研究在碰撞中互补的趋势。

在全球化的环境下,东西方思想文化的相互激荡、碰撞、交融、扬弃也愈加明显。档案学理论作为人类的文化财富,也将在中外档案界彼此不断交融、渗透,并在此过程中不断变化发展。这一点在我国以往档案学研究的发展过程中也得到了印证。我国档案学研究除了继承自身的优秀成果之外,更注意借鉴国外档案学理论成果中的精华,为我所用。如在 20 世纪 50 年代,我国档案学界借鉴苏联档案学理论,建立了我国现代档案学;在 20 世纪 80 年代末,我国档案学界借鉴吸收以欧美为主的世界各国档案学理论成果,推动了我国当代档案学研究的繁荣。进入 21 世纪,我国档案学界又借鉴吸收了国外电子文件管理的理论与实践经验,建立了有我国特色的电子文件管理体系。今后,中外档案学研究的交流将得到进一步的发展,中外档案学研究的理论成果是可以互补整合的,从而为创立一门具有普适性的国际档案学奠定基础。

在对待我国档案学理论和国外档案学理论的关系上,应避免两种不良倾向:一是过于强调两者的对立和排斥,如认为文件生命周期理论、文件连续体理论、职能鉴定法等完全不适用于我国;二是过于强调两者的会通和相融,如认为国外的文档管理模式完全适用于我国。笔者认为,对待国外的档案学理论,既要有"拿来主义"的全球视野,又要有"洋为中用"的本土意识。由于政治行政制度、社会文化背景、民族习惯等各不相同,作为社会实践活动真实历史记录的档案的管理活动,各国也就各具特色。因此,在此基础上形成的档案学理论,尤其是应用理论,各国也就各有自己的特点,不会完全相同。可见,中外档案学理论在相互借鉴时必然会有所冲突。碰撞就是冲突的一种表现。只有通过相互碰撞,才能产生互补效应。互补表现在两个方面,一是互通有无,取长补短;一是互相参照,相反相成。具体对我国而言,在借鉴国外档案学理论时,就必须经历一个结合中国实际,使之本土化的过程。简单照搬国外的本本是行不通的,本土化是必然的要求。总之,一方面我们要进一步加大对外开放的力度,加强与国外档案界同行的交流,大胆学习、借鉴和吸收国外的档案学理论成果;另一方面我们要积极向世界各国介绍中国档案学理论建设取得的巨大成就,扩大中国档案学理论在国际档案界的影响力。

2.我国档案学研究由分析综合走向系统化的趋势。

综观人类学术研究史和思维方式发展史,我们可以发现研究方法发展的轨迹:朦胧的分析与综合——分析、综合、再分析、再综合——系统的分析与系统的综合。我国档案学理论研究所经历的历程也是如此。分析、综合是人类最基本的思维方法。从我国档案学发展的历史来看,随着社会的进步,档案工作实践的发展,人们对档案学研究对象的分析由浅入深、由粗到细,相应的,在分析基础上的综合也逐渐由粗糙变得精细。具体说,我国档案学在产生之初,研究对象和范围局限在机关档案工作,对机关档案管理活动的经验教训进行了初步的分析与综合,其理论研究也仅局限于文书及档案的定义、种类、性质、作用以及档案与文件的关系等;建国后,随着各级各类档案馆和国家档案行政管理机关的普遍建立,形成了具有现代意义的全国性档案事业,从而使档案学研究对象和范围扩展到档案、档案工作以至档案学自身,在此基础上,经过较为深入的分析与综合,形成了一批档案学分支学科,如档案管理学、技术档案管理学、档案保护技术学、档案文献编纂学、中国档案史等,初步构建了档案学学科体系;20世纪90年代,档案工作实践随着改革开放的不断深入和工作手段的现代化、电子化而变得越来越丰富,也变得更为错综复杂,实践中的新情况、新问题层出不穷,在这种形势下,我国档案学在继续加强传统学科研究的同时,开始对档案事业管理、档案法规、档案效益、电子文件档案管理等新问题进行研究,通过对这些新实践经验教训的深入分析与综合,形成了一批新的分支学科,如档案事业管理学、档案法规学、档案效益学、档案经济学、影片照片录音档案管理、电子文件/档案管理等,使现代档案学学科体系更为完善。进入到21世纪后,档案领域的新生事物不断涌现,数字档案馆、档案安全体系建设、云计算在档案管理中的应用、智慧档案馆建设、档案社交媒体、档案大数据、档案知识库等迫切需要在理论上进行研究提供相应的对策。由此可见,我们对档案学研究对象的认识,是在分析——综合——再分析——再综合的反复过程中逐步完成的。

目前,随着科学技术的高速发展,新的学科不断出现,系统论、控制论、信息论、耗散结构论、协同论和突变论等理论观点向各学科领域广泛渗透,从而对各学科形成了强力的冲击,也促使了人类思维方式的完善和变革——由分析、综合转变成系统分析与系统综合,即运用系统的观点对事物整体进行分析与综合。今后我国档案学的研究将呈现出强烈的整体化趋势。对此潘玉民将其具体表现概括为:一是理论档案学研究与应用档案学研究的协调统一;二是档案学具体各分支学科微观研究与整体宏观综合研究的统一;三是档案工作和档案事业现实问题与历史理论研究的统一。①
档案学研究的系统化趋势,将促使我国档案学朝着更加科学完备
的方向发展。

3.我国档案学注重应用研究的趋势。

档案学研究可以分为基础研究和应用研究两部分。"档案学
基础理论研究的是在档案管理领域普遍起作用的基本规律,它是
有关档案、档案工作及档案学自身的本质特点和客观规律的、高度
抽象概括的知识体系。"②应用研究则是运用基础研究所提供的科
学认识和科学原则去解决档案工作中的实际问题。

档案学是一门实践性很强的应用学科,因而基础研究在档案
学研究中所占的比重是较小的,应用研究所占的比重明显居高。
档案学研究注重应用研究的趋势,一方面是由档案学应用学科的
性质与任务所决定的;另一方面也是迫于我国档案学研究的现状。
目前,"我国档案学基础理论同国外相比较为先进,但应用研究则
比较落后。档案工作改革和现代化建设发展,提出大量迫切需要
解决的实际问题,必将引起档案学研究的注意与投入,下个世纪应
用研究具有广阔的前景"③。

必须指出的是,注重应用研究,并不等于排斥基础研究。从某
种意义上说,应用研究是由高水平的基础研究支撑起来的。因为,
基础研究的发展为应用研究提供原则、方法、理论体系;而应用研
究则是理论与实践的中介,是基础理论伸向档案工作现实的触角

---

① 潘玉民.档案学研究走向 21 世纪的思考[J].档案学研究,1996(增刊):13—14.
② 何嘉荪,潘连根.档案学基础理论研究发展的正确道路[J].档案学通讯,1999
   (5):23—26.
③ 潘玉民.档案学研究走向 21 世纪的思考[J].档案学研究,1996(增刊):13—14.

和反馈器。应用研究要发展,必须以基础研究为其坚实的基础;而基础研究也需要在应用研究发展的过程中不断吸收来自档案工作实践的营养以进一步丰满自身。当然,作为档案学的两翼,应用研究与基础研究应协调同步发展。

后　记

　　关于档案学元学科层面的理论问题是我一直较为关注的,以前也发表过一些论文,但一直没有进行过系统的思考研究。2015年我由绍兴文理学院调入浙江越秀外国语学院,才真正开始进行系统的思考,并列出了写作提纲。由于教学工作任务繁重以及其他各种原因,写作是断断续续的,好在能够坚持下来,经过近三年的努力,终于完稿了。其间,书中的很多成果已在一些档案学核心期刊上发表,但限于篇幅,发表时均有所删改,而现在的书稿则是原样呈现,更能完整地体现我的思想和观点。

　　继《数字档案馆研究》(中国档案出版社,2005年)和《文件与档案研究》(安徽大学出版社,2007年)两本学术专著后,我一直打算写一本档案学元问题研究的书。因为现有的档案学概论教材有关档案学自身的内容只占1/3,还不足以支撑起档案学概论的全部内容,有点名不副实,希望通过我的努力,能为档案学概论学科的建设尽一份绵薄之力。现在也算是了却我个人的一个心愿。

　　由于档案学元理论的研究是一种对学科的反思性研究,既需要对档案学学科自身的状况有一个较为透彻的了解和把握,也需要研究者具有较为广博的知识结构和较强的思辨研究能力,而我都有所欠缺,因而书中的缺点和错误在所难免。希望学界同仁能予以批评指正。

　　档案学元理论(或元问题)研究的内容很多,涉及档案学的方方面面。限于时间、精力和能力,我不可能全部涉及。因此,需要学界同仁共同努力,不断拓展深化。

潘连根

2018 年 9 月 5 日

于浙江越秀外国语学院镜湖校区